AF557664

Heinz Grill

Meditationen

Heinz Grill

Meditationen

Die Erfahrung des Christus
im Ätherischen

IMPRESSUM

Stephan Wunderlich Verlag
Gorheimer Str. 16
D-72488 Sigmaringen
Tel.: +49 (0) 7571- 6870261
Fax: +49 (0) 7571-1854997
E-Mail: info@stw-verlag.de
Internet: www.stw-verlag.de

ISBN: 978-3-948803-07-0

Coverzeichnungen: Melissa Winter
Satz: Albert Wimmer

Autor: Heinz Grill, *www.heinz-grill.de*

Druck: FINIDR s.r.o., Český Těšín

Bibliografische Information der Deutschen Nationalbibliothek:
Die Deutsche Nationalbibliothek verzeichnet diese Publikation in der Deutschen Nationalbibliografie;
detaillierte bibliografische Daten sind im Internet über *http://dnb.d-nb.de* abrufbar.

Inhaltsverzeichnis

Das Titelbild

In diesem Bild drückt sich ein Engel, der in besonderem Maße durch seine helle Gesichtserscheinung in den Raum hereintritt, aus. Wer eine fundierte und ausreichende Meditationserfahrung besitzt, kennt diese lichten Offenbarungen derjenigen Wesen, die als die gewöhnlichen Engel bezeichnet werden.

Durch Konzentration und ausdauernd anhaltende Aufmerksamkeit auf ein bestimmtes gewähltes Meditationsobjekt oder auf einen konkreten Textinhalt mit spiritueller Bedeutung entwickelt sich langsam, aber doch in wachsendem Maße eine Art Offenbarung, die jedoch nicht aus dem leiblich Inneren des Menschen hervorgeht, sondern aus dem Objekt der Meditation selbst. Es ist schließlich der Engel, der das Objekt der Aufmerksamkeit, auf das der Übende meditiert, den Menschen an seine Seele näher führt. In jeder gelungenen Meditation weichen die körperlichen Bedingungen und alle subjektiven Emotionen zurück und die Offenbarung des in Konzentration gehaltenen Meditationsobjektes geht der Seele des Meditierenden entgegen. Der Engel trägt die Erfahrung aus einem übergeordneten Räumlichen dem menschlichen Herzen näher.

Die Erscheinung des Engels ist dem bloßen Augenschein verborgen und dennoch für die entwickelte Empfindungsseele und ihre inneren Sinnesorgane sichtbar.

Vorwort zur Neuauflage

Jene Meditationen, die in elf Kapiteln in Form von ausgewählten Texten erscheinen, beschreiben eine vollständige Neuformulierung einer bereits bestehenden, aber vergriffenen Veröffentlichung aus dem Jahre 1991. Die Überarbeitung erschien dringend notwendig, da die bisherigen Formulierungen noch nicht die exakte Genauigkeit enthielten, die spirituelle inhaltliche Darlegungen aufweisen müssten.

Bedeutungsvoll erschien bereits zu allem Anfang der Herausgabe der Meditationen, dass der Begründer einer Yogalehre nicht von seinen eigenen Lehrinhalten, die in vielen weiteren Publikationen als Übungen und methodische Modelle existieren, abgetrennt werden kann. So wie man beispielsweise ein paulinisches Christentum ohne Paulus nicht denken kann, in gleichem Maße wäre es absurd, wenn man die künstlerische Yogapraxis, wie sie in dieser neuen Yogaempfindung dargelegt wird, ohne meine Person nur als rein methodische Anwendung verbreiten würde. Der Begründer oder Künstler lebt in seinen Äußerungen und bildet ebenfalls einen Seinsbestandteil der Weltenschöpfung. Eine Geschichtsschreibung wäre niemals Geschichtsschreibung, wenn der Mensch als zentraler Schöpfer in dieser nicht enthalten wäre.

Während die östliche Welt nie daran zweifelte, dass eine Praxis eines Yoga unmittelbar in ihren Äußerungen die Seele des Begründers transportiert, so neigt sich doch die westliche, religiöse geistliche Kultur mehr den Prinzipien hin, dass sie den Begründer einer Lehre aus ihren eigenen Lehrgebäuden herausstreichen möchte. Fälschlicherweise geschieht in der Anthroposophie diese trennende Aufteilung zwischen Rudolf Steiner und modernen Anthroposophen der heutigen Zeit sehr häufig. Eine Lehre jedoch, die sich lediglich methodisch und ohne den lebendigen initiierenden Geistforscher forttragen möchte, gewinnt in wachsendem Maße befremdende und rein methodisch materialistische Züge.

Die Meditationen und die Fotos, die ebenfalls eine meditative Äußerung darstellen, wollen einen realen Versuch herbeiführen, die Lehre, wie sie mit der Person unmittelbar verknüpft ist, darzulegen. So wie ein Rembrandt in der Kunst einzigartig ist und die Person des Künstlers sich in jedem Pinselstrich in das Werk hineingetragen hat, in gleichem Maße begibt sich der geistige Forscher mit seinen Übungen und Äußerungen in ein Lebenswerk hinein. Das Werk und die Person bilden aus diesem Grunde eine untrennbare Einheit.

Eine gewisse Änderung im Ausdruck der Übungen, der sogenannten Yoga-*āsana*, lässt sich über die Jahre hinweg feststellen. Es wurden, um Vergleiche und Studien anzustellen, die älteren bisher veröffentlichten Fotos ganz neuen Aufnahmen gegenübergestellt. Die gesamte Darlegung dieser Texte und Bilder sollte nicht einen verehrenden Persönlichkeitskult eröffnen, sondern einem realen Studium, einer Forschungsarbeit und einem künstlerischen Interesse dienen.

Heinz Grill

Arco, am 24. Mai 2022

Die Entstehung dieser Schrift und ihre Revision 31 Jahre später

I

Rudolf Steiner sprach von einem Christusgeist, der im Äther oder besser gesagt im Weltenäther, im sensiblen Fluten der Lebenskräfte der Welt existiert. Wer diesen ätherischen Christus erkennend und empfindend erfährt, beginnt dem Leben zu dienen und dieses Dienen ist nicht nur ein äußerliches Helfen oder eine Art Dienstleistung, wie es diese im caritativen Dasein gibt, sondern es ist ein Dienen, das unmittelbar durch den Menschen in all seinen Taten, Gedanken und Gefühlen wie eine Flamme lodert und der Seele eine besondere lichte Beziehung nach außen und Empfindung nach innen verleiht. Der Satz *„wer dem Leben dient, der dient Gott"* [1] bedeutet ein reales Erschauen und Erleben des ätherischen Christus und ein daraus entstehendes gebendes, erbauendes, förderndes Bewusstsein nach außen.

Das Wort Leben [2] ist im Evangelium nicht für das irdische sterbliche Dasein gedacht, sondern vielmehr das Wort für das nachtodliche, geisterfüllte Bewusstsein, das sich frei vom Körper entfaltet und einer Art Seligkeit, Erfülltheit und lichten Verbindung erfreut.

II

„Jeder Augenblick ist erfüllt von Leben" oder anders ausgedrückt: In jedem Moment atmet, haucht, erstrahlt, erleuchtet die ätherische Kraft, und diese ist eine Erfüllung oder eine geistige Lebendigkeit, die aus einem undefinierbaren, aber doch unmittelbar wirkenden Zentrum in jedem Moment aufersteht.

Niemand kann dieses ätherische Leben im Sinne einer äußeren Handlung, Verrichtung oder noch so angespannten Willensaktion geben, denn dieses ätherische Leben unterliegt den Gesetzmäßigkeiten einer höheren gedanklichen Bewegung und diese überstrahlt die körperlichen Bedingungen. Die Ätherkräfte wirken auf den Körper, aber sie kommen nicht aus diesem, und deshalb kann niemand dieses Leben aus dem Körperlichen geben.

Dieses tatsächlich höhere, im reinen Gedanken gegründete Bewusstsein, das höher ist als die physische Formierung, ist in aller Gegenwärtigkeit nahe, und wer dieses ätherische Erstrahlen und Wirken des Christus erkennt, erlebt eine geistige Dimension und diese kann im Allgemeinen mit „Gott" benannt werden. Aber es ist heute besser, diese geistige Dimension nicht mit dem zu sehr allgemein gewordenen Begriff Gott zu benennen, sondern mit dem fachlich spezifischen Begriff des ätherischen, unmittelbaren Kräftewirkens, das ein unsagbares Zentrum besitzt und aus diesem eine feine, lichte und feurige Flamme entsendet.[3]

III

Diese Schrift ist zur Meditation geschrieben und sie ist nicht ausführlich in allen Gliedern und Teilen erörtert, sondern mit meditativen Sätzen zusammengefügt, die das menschliche Seelenleben zu einem spirituellen Denken und Fühlen anregen. Für all jene, die bereits das ätherische Wirken in Kursen und Seminaren hier an der Schule von mir kennengelernt haben, sind diese Meditationen geeignet, aber sie sind nicht nur für Personen, die in persönlicher Anteilnahme bereits Erfahrungen gesammelt haben gedacht, sondern des Weiteren für all jene, die nach einer Verwirklichung und einer bewussten Entwicklung des Seelen- und Geistlebens trachten.

Wenn ich persönlich die Erfahrung des ätherischen Christus, wie sie sich unmittelbar gebiert, beschreibe, so lässt sich diese nach den folgenden Worten in einfacher Weise charakterisieren:

„Wie groß ist die Freude und Herrlichkeit des Geistes" oder des ätherischen Wirkens des Geistes, der nichts zu tun hat mit dem Fleisch und Blut des menschlichen physischen Körpers. Der Geist selbst ist immer wirksam und wenn er in dem Ätherischen unmittelbar erkannt, erschaut, erfahren wird, so fordert er aus dem Unsichtbaren die persönliche Freiheit und derjenige, der dies erfährt, im Zustand der ganzen Wachheit und keinesfalls in Trance, sondern in größtmöglicher Gegenwärtigkeit seines Selbstes, bemerkt, dass es dieser Geist ist, der niemals auf die Erde zurücksinken kann. Er bleibt im Äther, da er im Äther webt, strahlt und seine Gaben immerfort verströmt.

Aber diese Erfahrung, so erhebend sie ist, bewirkt für denjenigen, der sie macht, eine Konsequenz, denn wer diesen ätherischen Christusgeist sieht, erlebt und in seiner Erstrahlung erfährt, bemerkt, wie er selbst sein eigenes Identitätsbewusstsein oder, anders ausgedrückt, sein Selbst darin erkennt. Diese Erfahrung führt zu einer intensiven Durchstrahlung des Leibes und der Glieder. Obwohl die Erfahrung nicht aus dem Leibe entspringt, sondern im wahrsten Sinne im Äther, in einer subtilen Welt des Geistes, wirkt sie durchdringend und intensiv bis hinein in die physischen Leibesglieder.[4]

IV

Die Erfahrung des ätherwirkenden Christus wurde in früheren Zeiten mit dem Heiligen Geiste durch Mystiker geschildert und sie wurde auch von den verschiedensten Personen, die eine geistige Wahrnehmung im Sinne einer reifen Hellsichtigkeit entwickelt haben, erlebt und mit einer Heiligen-Geistes-Erfahrung bezeichnet.

Auf dem persönlichen Weg des Lebens gibt es verschiedene Entwicklungsprozesse. Aber diese verschiedenen Prozesse sind nicht alleinig nach den irdischen Kriterien zu werten, sondern sie sollten nach dem umfassenden geistigen Bewusstsein eine Einordnung und Identifizierung erhalten. Es kann dieses ätherische Leben das irdische oder physische Dasein reichhaltig beschenken und veredeln. Der Trugschluss, dieses physische Dasein allein als Maßeinheit für die Entwicklung zu werten, wäre jedoch sehr eigenartig und könnte unüberwindbare Irrtümer mit sich bringen. Der eigentliche Wert des Seelen- und Geistlebens liegt über den physischen Bedingungen in einer frei gesetzten Bewegung des Bewusstseins und bleibt im nachtodlichen Leben in seinen hervorragenden moralischen, ästhetischen und transformierenden Werten erhalten. Wer die Erfahrung des ätherischen Christus erlebt, wird deshalb ein Empfinden gewinnen, dass er für das irdische Leben keine Berechtigung des sogenannten Habens oder zumindest keinen Anspruch hegen kann.

V

Die Erfahrung des ätherischen Christus entsteht durch eine exakte Loslösung des Bewusstseins von den leiblichen Trägern durch wirkliche Gedankenbildung und Hinwendung an Ideale und wenn diese Erfahrung des auferstehenden Lebens eintritt, so ist sie nicht nur eine Angelegenheit des Persönlichen, wie beispielsweise einer persönlichen Erleuchtungsekstase, sondern sie ist eine Erfahrung, die unmittelbar nach außen zu strahlen vermag und die Umgebung bereichert.

Von diesem Moment an gibt es für den Menschen die Realität der Verpflichtung, denn die geistige Welt ist verbindlich und will erlösen. Die irdischen Forderungen, die so sehr das menschliche Gemüt beschweren, existieren in dieser oberen Welt nicht. Der Äther ist frei, er bleibt frei und daher spricht er nicht von Freiheit, sondern von Entwicklung und notwendiger verpflichtender Bewegtheit.[5]

VI

„Niemand hat den Geist in seinem Namen gesehen" und dieses Wort „niemand" bezieht sich auf das persönliche irdische Bewusstsein, das gewöhnlich innerhalb der Körperbedingungen gefangen ist. Aber es existiert in der geistigen Welt ein Selbst außerhalb des Körpers oder, besser ausgedrückt, frei vom Körper. Es existiert ein Kraftzentrum, eine unmittelbare Sonne, die aus sich selbst heraus leuchtet, eine nicht lokalisierbare, aber dennoch eine im Zentrum gegründete Kraftquelle, die ein Selbst ist und dieses Selbst erstrahlt überall und für sich allein, und gleichzeitig aber bildet diese sonnenhafte Wirkung eine Einheit mit dem Weltenäther[6] und erstrahlt auf eine intensive und lebendige Weise, sodass sie die körperlichen Grenzen transzendiert. Im unmittelbaren Erfahren des Äthers ist es der Christus, der das Zentrum bildet und dieser wird im Erschauen wie das erstrahlende eigene Selbst erlebt. Der Körper ist ein Teil, der in diese Strahlung einbezogen wird, aber das Selbst gehört zu jener Dimension des ätherischen Christus, die nicht in die Körperlichkeit zu stürzen vermag.

In einer spirituellen Schule spricht man von einem körperverhafteten und von einem körperfreien Bewusstsein. Wie definiert sich jedoch ein körperfreies Bewusstsein? In der gewöhnlichen Gemütsverfasstheit des Menschen sind die drei Grundformen der menschlichen Psyche, das sind das Denken, das Gefühlsleben und der Wille, sehr eng miteinander verstrickt. Wenn jemand beispielsweise Hunger hat, will er sehr schnell etwas essen. Wer fühlt aber in sich selbst nicht den Drang nach einem schmackhaften Gericht? Aus diesem Wollen und aus dem Fühlen beginnt er sich ganz naturgemäß eine schöne Mahlzeit vorzustellen. Das Denken, das Fühlen und der Wille greifen deshalb sehr eng ineinander über und nahezu obligatorisch treiben die Wünsche und Gefühlsbedingungen das menschliche Denken voran. In einer geistigen Schule werden nun diese drei Kräfte voneinander emanzipiert und auf gezielte Weise geschult. Das Denken sollte deshalb nicht vom leiblichen Wollen oder gefühlsmäßigen Wünschen bestimmt werden. Es sollte sich frei nach höheren moralischen Gesetzmäßigkeiten und schließlich nach besten, reinen Gedankeninhalten entfalten. Aus diesem Grunde pflegte Platon in seiner spirituellen Schule das Fachgebiet der Mathematik, denn im Sinne eines mathematischen Denkens lernt der Übende, sich im Denken freier von Wünschen und Gefühlen zu bewegen. Wenn nun der Einzelne heute in einer Geistschule bestimmte sogenannte Seelenübungen zur Konzentration und zu einer intensiveren Beziehungsaufnahme zu Phänomenen der Welt oder gedanklichen Inhalten entwickelt, muss er seine Bewusstseinstätigkeit frei von Sympathien und Antipathien, von Hunger und Durstgefühlen, von Schwärmereien und Beschönigungen bewegen lernen und mithilfe eines Gedankens in die Tiefe einer Erscheinung eindringen. Ein körperfreies Bewusstsein ist nötig, damit eine Empfindung über das ätherische Wirken real erfasst werden kann.

VII

Wenn nun aus dieser Erfahrung und aus diesem Gegenwärtigsein des lebendig gewordenen Ätherischen eine Bitte erfolgt, so wird diese Bitte unmittelbar zur Kraft selbst und beginnt ihre Dimension in schöpferisch-kreativer Weise zu verströmen.

Das Wollen, das im gewöhnlichen Leben stattfindet und nicht aus dem ätherischen Christus motiviert ist, ist ebenfalls wichtig. Dennoch aber bleibt dieses Wollen oder Bitten in einer Begrenzung und dadurch kann es in der Regel nicht unmittelbar, sondern nur auf Umwegen zu seiner Erfüllung finden.

Die erstaunliche Erfahrung ist jene, dass dieses ätherische Ich-Selbst, dieses Zentrum im geistigen Äther dem Menschen immer entgegengeht und ihn nicht von der Erde hinwegziehen möchte, ihn nicht von seiner Körperlichkeit entfremdet, sondern ihn vielmehr mit einer unmittelbaren Kraft und Liebe durchdringt. Der Wille, der in dem Äther liegt, fördert das menschliche Herz und das gesamte menschliche Dasein zur weiteren Entwicklung und schenkt eine wachsende Durchgeistigung des Körpers.[7]

VIII

Die eigentümliche Tatsache, die jener kennenlernen wird, der die Erfahrung des Geistes in der Präsenz des durchchristeten Äthers erlebt, ist jene der großen Sympathie auf der einen Seite und jene der großen Antipathie auf der anderen Seite. Selbst aber jene, die eine große Antipathie zu demjenigen entwickeln, der diese Erfahrungen gewonnen hat und dessen Leib bereits die Zeichen der Transzendenz annimmt, wollen diesen Menschen niemals vergessen und es wird dennoch der Geist weiterwirken. Das Ich im Äther oder der Christus im Äther will auf den Menschen zugehen und gerade infolge dieser Tendenz gibt es viele Personen, die niemals Frieden finden, denn sie fühlen sich durch das Zugehen des Äthers im wahrsten Sinne wie bedroht.

Der Äther und der Christus im Äther können nicht vergehen und selbst dann nicht, wenn er am intensivsten verleugnet und abgelehnt wird. Es ist ein universaler Geist, der wirkt, und universal bedeutet, dass er auch nach dem Tode in seiner Wirkungssphäre bleibt.

IX

Im Geiste wirkt ein großer Wunsch, das ist jene Loslösung der Individualität oder des Ichs und des Bewusstseins vom gebundenen physischen Dasein. Es ist nicht die Bindung, sondern die vollkommene, waltende und wirkende Freiheit, die aus der ätherischen Christusseele atmet. Der ätherische Christus will immerfort in jedem Augenblick diese Loslösung fördern.

Mit jeder Erfahrung, die in der spirituellen Entwicklung auf günstige und gesunde Weise eintritt, verwandelt sich der physische Leib. Von der sichtbaren Erscheinung scheint der Körper immer der gleiche zu sein, denn er bleibt mit seinen Gliedern auf der Erde und es bleiben die Fähigkeiten und meist auch die Missstände. In Wirklichkeit aber unterliegt dieser Körper und das damit verbundene Bewusstsein jenen Gesetzen, die genau der geistigen Erfahrung entsprechen. Die Sinne der Welt kennen keinen Unterschied, aber all jene, die diese ersten Andeutungen der ätherischen Erfahrung gewinnen, erkennen, dass das Leben mit seinen Kräften durch die Gedankenbildungen und durch das entwickelte Bewusstsein in zunehmendem Maße zu lenken ist. Der Äther bleibt für die Augen immer unsichtbar, jedoch ist er in der Seele und durch die Bewusstwerdung von den Gedanken erfahrbar und erlebbar.

X

Diese Schrift ist zur meditativen Vertiefung geschrieben und kennzeichnet sich durch die Wiederholung der Worte. Nicht durch den Yoga allein, durch Übungen und äußere Disziplinierung entsteht diese Erfahrung des ätherischen Christus, sondern durch eine intensive Beziehungsaufnahme in Form von Meditation zu geistigen Quellen und so soll diese Schrift durch die Worte und ihre inneliegenden Empfindungen auf den Geist selbst auf unmittelbare Weise aufmerksam machen.

Die Worte können vom gewöhnlichen Verstand, der bekanntermaßen mit Assoziationen behaftet ist, sehr leicht missverstanden werden. Es handelt sich um jene Dimension eines Selbstes, eines real gegründeten geistig gedanklichen Wirkungspotentials oder, anders ausgedrückt, eines Gegründetseins des menschlichen Bewusstseins in der sogenannten *buddhi*, in der Intelligenz und Weisheit des Äthers. Die Erfahrung, wie sie hier in Worte gekleidet wird, ist eine authentische und kann infolge dieser Authentizität auch in objektiver Weise frei zur Wiedergabe, ja sogar bis zur Konkretisierung in Einzelheiten gelangen. Vielleicht mag das heutige materialistische, nur das sichtbare und experimentell beweisbare Bewusstsein diese Erfahrungen als Wahnvorstellung bekleckern und sagen, dass derjenige, der die ätherische Erfahrung kennt, ausdrückt, beschreibt und zu einer Übungsweise entwickelt, einen weltenfremden Umstand sieht, der auf einer inhaltlichen Denkstörung beruhte. Aber diese Erfahrung bezieht sich nicht auf mediale Eingebungen und Hören von Stimmen oder auf reine Schlussfolgerungen und imitierendem Wiedergeben von bisher ausgesprochenen spirituellen Inhalten. Vielmehr handelt es sich um eine durch Schulung zugängliche Realität, die hinter dem Sinnesschein verborgen ist und in dieser wie eine bleibende geistige Substanz liegt. Wie die indische Geistlehre dies ausdrückt, handelt es sich um das sogenannte Selbst des Menschen, das individuell in einen Körper gekommen ist und sich durch die Entwicklung transzendiert und zu einem universalen Selbst erweitert. Aus diesem Grunde sind die Worte, wie sie früher in einfacherer Weise verfasst wurden, sehr real: *„Mein Ich ist das Selbst, das durch den Geist ein vom Körper unabhängiges Leben erhalten hat. Ich spreche vom Ich und meine nicht das persönliche Leben, sondern das überpersönliche, das ohne Raum und Zeit ist und in jeder Menschenseele wartet, um erkannt zu werden.“*[8]

XI

Der Heilige Geist, wie er in der christlichen Mystik benannt ist, wird durch den Christus gesandt. Der Christus selbst, wie es Rudolf Steiner gesagt hat, wird nicht mehr in einer Person wiederkommen. Die Kraft des Christus lebt in den verschiedensten untergründigen Regionen des geistigen Daseins und erstrahlt durch den Äther. Er lebt in allen Partikeln dieser Erde, sowohl in den grobstofflichen, als auch in den feinstofflichen. In jenen Situationen, die eine besondere günstige Vorsehung und Voraussetzung erfüllen und in denen die Disziplin des Menschen authentisch nach den Geistschulungsprinzipien fortgeschritten ist, drängt dieses Zentrum nach seiner Offenbarung. Es ist nicht der Körper, es ist der sich freisetzende Äther, in dem ein Gedanke wurzelt und der sich frei ohne Schwere mit neuen Lebenskräften verströmen möchte. Der Christus zeigt sein Angesicht wie eine Sonne, die sich im Raume auferstehend eröffnet. Der sich öffnende Äther trägt den Geist in die Erdensphäre. Der Christus lebt als innerster Schöpfergeist in diesen höheren Wahrnehmungen und derjenige, der sie erlebt, fühlt die Nähe zu ihm.

Die in der christlichen Mystik bekannten Heiligen und die verschiedenen Eingeweihten des Orientes und auch des Okzidentes, sind nicht mit dem reinen Leben und der reinen Kraft des Christus vollständig gleichzusetzen. Der Christus wirkte wie die Sonne mit ihrer ganzen Helligkeit, Leuchtkraft, Wärme und Lebensenergie unter den Menschen, die sich ihm zuwandten. Es kann gesagt werden, dass er infolge seines sonnenhaften Ideals das wirklich Ganze war oder ist, das man in Sanskrit *pūrṇa* nennt. Er umfasst das ganze Kräftepotenzial auf zentrierte Weise in einem Leben und war in einem Licht und in einer tiefsten Weisheit gegründet. Die verschiedenen Mystiker und Eingeweihten nahmen teil an diesem Ganzen, aber sie waren im Leibe und in der Seele nicht mehr das Ganze, sondern nur ein Teil des Ganzen. In der Erfahrung des Ätherischen bemerkt der Aspirant, dass diese Kraft, die als Liebe bezeichnet wird, als eine christlich-geistige Liebe aus einer Mitte hervorgeht, und diese ist aber ein Ich-Selbst, eine ungeteilte und immer bestehende Dimension in der Weltschöpfung. *Das Geteilte geht aus dem Ganzen hervor und bildet in der Zugehörigkeit und Verbindung wieder das Ganze und Eine.* Da diese Erfahrungen des Äthers bereits im alten indischen Geistesgut bestanden, wurde das Mantra unmittelbar aus der Erfahrung wiedergegeben:

Oṁ pūrṇam adaḥ pūrṇam idaṁ pūrṇāt pūrṇam udacyate
pūrṇasya pūrṇam ādāya pūrṇam evāvaśiṣyate

(Brihadaranyaka-Upanishad)

---

1) siehe S. 160

2) Mt 25,46: „Und diese werden hingehen in die ewige Pein, die Gerechten aber in das ewige Leben."

3) Ein Ätherwirken existiert beispielsweise in der Natur im Sinne von Wachstumsbedingungen. Eine Pflanze wiegt elegant im aufsteigenden Raum des Lichtes, sie erhebt sich entgegen der Schwerkraft, denn sie ist durch ein unsichtbares Kräftewirken, ein sogenanntes ätherisches Wirken zur Aufrichtung entgegen der Schwerkraft befähigt. Das ätherische Wirken ist für die Augen nicht direkt sichtbar, es sind jedoch die Wirkungen des Aufrichtens und des Wiegens der Pflanze im scheinbar schwerelosen Raum wahrnehmbar. Die Seinsbedingungen der Natur unterliegen den Veränderungen von Wachsen, Aufrichten, Verwelken und Absterben. Sie zählen zur *prakṛti*, zur sichtbaren, wahrnehmbaren Welt, während aber die vom Kosmos entspringenden Ätherwirkungen, die die verschiedenen Wachstumsprozesse lenken, nur für die übersinnliche Wahrnehmung Realität sind. Das ätherische Christuswirken jedoch ist unabhängig von den Wachstumsbedingungen in der Natur, in der sogenannten *prakṛti*.

4) Die erste Erfahrung einer übersinnlichen Wahrnehmung, die sich in oder an der menschlichen Seele verkündet, ist diejenige des sogenannten Wärme- oder Feueräthers. Diese Art des Äthers könnte fälschlicherweise mit dem Element des Feuers, das wie eine sichtbare Flamme brennt, verwechselt werden. Die Bezeichnung eines Elementes bildet jedoch eine Art materielles Gegenstück zu der feinstofflichen höheren Seinsform des Äthers. Der Feueräther besitzt deshalb mit dem irdischen Feuer keinerlei Gemeinsamkeit, denn er ist vielmehr eine reine kosmische, nicht brennende und nicht verzehrende Seinsdimension. Wenn man diesen Feueräther erschaut, wie er sich bildet, bemerkt man feine blaue Rundungen, die einerseits fast wie eine sanfte Schutzhülle wirken, aber andererseits eine weitaus größere Offenheit als jegliche Hülle besitzen. Es ist eine blaue oder bläuliche Dimension in diesem Feueräther, der an den reinen blauen Himmel erinnern könnte, jedoch sich nicht fern von den Menschen und den Naturerscheinungen bewegt, sondern schützend und gleichzeitig öffnend die Physis umkleidet.

Der Feueräther wirkt sich erst aus, wenn das menschliche Bewusstsein für längere Zeit eine konkrete, logische und inhaltliche Gedankenleistung vollbringt. Der Übende befindet sich ohne jegliche Trance und ohne Anhaftung an die Emotionen des Leibes in einer sehr bewusst gewählten Beziehung, bewegt in dieser Beziehung einen gedanklichen Inhalt, beobachtet ihn mit Wachsamkeit, erlebt weiterhin rückwirkend die eigene Gedankentätigkeit und auch die objektive Beziehung und er ist somit in einer freien Konzentration gegründet. Das Ergebnis dieser bewusst gewählten Tätigkeit bildet ein atmosphärisches Erkraften im Sinne von Ruhe, Frieden, Ordnung und Wahrnehmung im Umkreis, sowie ein empfindsames innerliches Einkehren in das menschliche Herz des Übenden. Jene Atmosphäre in Ruhe, Offenheit, Klarheit und meditativer Erkraftung, beschreibt das wachsende Wirken des Feueräthers. Diese gebildete Atmosphäre wirkt nicht nur im Umkreis, sondern strahlt tief hinein bis in das menschliche Zellsystem. Sie nimmt regelrecht das menschliche Herz in sich auf und fördert es zur Innerlichkeit.

5) Jene Menschen, die so sehr nach Freiheit in der irdischen Welt verlangen, kennen in der Regel die wirkliche Freiheit, die in aller Summe eine geistige Verpflichtung darstellt, nicht.

6) „Weltenäther" ist ein esoterischer und anthroposophischer Begriff, der diejenige kosmische Dimension beschreibt, in der die Ätherkräfte ihren Ursprung haben. So wie der physische Körper nach dem Tode zerfällt und in das Reich der Naturelemente zurückkehrt, aus dem er gekommen ist, und wie die Seele nach dem Tode mit all ihren errungenen Gefühlen und Verbindungen in die lichtdurchflutete kosmische Welt einkehrt, so kehrt auch der Ätherleib des Menschen, mit all seinen Gedanken, Lebenskräften und als Gedächtnis aufgespeicherten Erfahrungen in den Weltenäther zurück. Der Weltenäther umgibt somit die Erde wie mit einer übersinnlichen Atmosphäre, die die alten Philosophen der Himmelsbläue zugeschrieben haben. Das griechische Wort Äther bedeutet „der blaue Himmel". Dieser Weltenäther wird auch als Buch des Lebens oder als Akashachronik bezeichnet. Der Ursprung des Äthers ist die Sonne.

7) Siehe dazu auch in der Bhagavad Gītā (Bhg IV,11): *„So wie sich Mir die Menschen nahen, nehme ich sie in Meine Liebe auf. Auf jeglichem Weg folgen die Menschen Meinem Pfad, o Partha."*

8) siehe S. 161

Ein neuer Impuls im Yoga

I

Yoga dürfte wohl der bekannteste Weg zur sogenannten Selbstverwirklichung, zur Verwirklichung des höchsten Potentials, das im Menschen lebt, sein. Die indische Philosophie erbrachte eine reichhaltige Phantasie von methodischen Ansätzen, Übungsformen und spirituellen Leitbildern, die alle gemeinsam das Ziel haben, die menschliche individuelle Seele mit der göttlichen, universalen Alleinheit zu vereinen. Obwohl es heute sehr viele degenerative, wie auch verwässerte Wege und Yogakonzepte gibt, beinhaltet die klassische philosophische Disziplin des Orients, wie sie auf exzellente Weise in der Bhagavad Gītā vorgestellt wird, einen außerordentlich hohen Rang und Namen. Die Vereinigung der individuellen Seele mit dem Allganzen, mit der Welt des Geistes, *brahman*, lebt als Sehnsucht und höchste Verpflichtung im Geiste selbst und des Weiteren drückt sie sich mit tiefsten Motivationen in den verschiedenen Gliedern der orientalischen Methode der Selbstverwirklichung aus. Der Yoga ist ursprünglich aus dem Geiste inspiriert. Die menschliche individuelle Seele, die sich mit den spirituell anspruchsvollen Fragen der Entwicklung auseinandersetzt, gewinnt im wachsenden Maße ebenfalls die Sehnsucht nach dem Höchsten, nach der Wirklichkeit, die *brahman* genannt wird. Es ist aber nötig, dass durch Wiederholung, Strebsamkeit und Überwindung antimoralischer Gefühle die Seele die Aspiration zur geistigen Entwicklung real aufnimmt.

Es mag töricht und zugleich vermessen erscheinen, wenn ich nun von einem neuen Impuls im Yoga spreche. Braucht es denn eine Erneuerung eines bewährten und so vielseitig ausgeprägten Yogasystems, das ohnehin über die Jahrtausende hinweg in höchste Höhen des geistig menschlich Möglichen vorgedrungen ist und das, wie es der gegebenen periodischen Menschheitsentwicklung entspricht, lediglich von wenigen Personen und dies nur annähernd ergriffen werden kann? Eine neue Übungsweise ist nicht deshalb neu, da sie andere Übungselemente aufnimmt oder einige exklusiv gewählte Kombinationen von philosophischen Leitbildern systematisiert, sie ist deshalb auf eine bisher noch nicht etablierte Stufe zu führen, da sie spezifisch gedachte und sehr sorgfältig ausgewählte Gedankeninhalte entwickelt, diese in neue, zeitgemäße Bezüge stellt und die methodischen Ansätze und Übungspraktiken in ihrem Ausdruck erhebt. Es ist die so schwer verständliche Unmittelbarkeit, die Nähe und Liebeskraft, die Würde und Einzigartigkeit, die

Erhabenheit und Unberührbarkeit eines reinen Gedankens, der aus den tiefsten Erfahrungen des christlich-geistigen Wahrnehmens entspringt, der zu all den Übungswegen des Yoga hinzugefügt wird und sich in allen Zweigen des Übens ausdrücken will. Das Gefäß des Yoga bleibt das gleiche, während der Inhalt, der in dieses Gefäß neu hineingeschüttet wird, eine erquickende Lebendigkeit besitzt.[1]

II

So wie ein neuer Tag mit den hereinstrahlenden Sonnenkräften beginnt und die Gegenstände in der Welt erhellt, so ist es nun der exakt gewählte Gedanke oder der christlich-geistige Inhalt, der unmittelbar aus der wissenden und schauenden Einsicht aus der Welt von *brahman* entspringt, der die menschliche Physis und Psyche zum Leben erweckt und den Schatten der vergangenen Nacht erlöst. Sobald ein real gedachter, universal gültiger Gedanke, der eine einzigartige Offenbarung des christlichen schöpferischen Potentials ist, von Menschen erfahren, gedacht und in eine Übung geführt wird, verwandelt sich das bisher bekannte und an den Körper gebundene Bewusstsein. Eine wirkliche Neuwerdung beschreibt deshalb nicht unbedingt eine äußere, sogleich sichtbare Veränderung in den Figuren und Bedingungen des Yoga, sie wird vielmehr zu einer Einzigartigkeit der Auferstehung einer Lichtquelle, die innerhalb der bekannten üblichen Yoga-Ausdrucksformen bislang nicht wahrnehmbar gewesen ist. Die neue Dimension im Yoga entflammt durch die souveräne, lichtvolle Sonnenkraft des Gedankens, der in Wirklichkeit aus der Unmittelbarkeit des Christus entspringt. Der Gedanke ist die Qualität, die Substanz und die unauslöschliche Existenz des Seins, des sogenannten *sat*, des durch die Person Christi verwirklichten universalen Geistes.

III

Wer die Unterscheidungsfähigkeit zwischen intellektuellem oder emotional gebundenem Denken zu der realen Seinsebene des Gedankens errungen hat, benötigt nicht mehr ausschließlich die Übungen des Yoga und der Meditation, um mithilfe dieser auf den Weg der Selbstverwirklichung aufzusteigen. Ein Aufstieg wäre nun ein Abstieg und ein Abstieg ist tatsächlich eine seelische Erweiterung. Derjenige, der die christliche Geistigkeit in den Übungen erfasst, beginnt alle Übungen und Meditationen wie eine Gabe an die Welt, an die Mitmenschen und für die Kulturschönheit zu praktizieren. Er geht wie von einem Gipfel hinab in die Talgründe, um seine Reichtümer in diese einzubringen. Die Nichtigkeit des Sich-selbst-Befreiens oder -Erlösens verwandelt sich in das Bedürfnis, sich mit ganzer Seele an die irdische und geistige Weltenschöpfung hinzugeben. Die Yogaübung, die mit *āsana* benannt ist, und die Meditation, die mit *dhyāna* nach dem klassischen System des *rāja*-Yoga ihren Ausdruck erhält, werden zu einer künstlerischen Tätigkeit. In der Entwicklung eines Kunstwerkes tritt der Wille des Menschen in die Ausdrucksgebung einer souveränen Schönheit hinein und offenbart darin sein eigenes Selbstbildnis. Der Künstler und das Kunstwerk bilden eine zusammengehörige Einheit und eine Gabe mit Verantwortung für die Welt. Die Yogaübung als Kunst und Ausdruck der innersten seelischen Reife sucht nicht mehr die eigene Selbsterlösung oder ein schnelles persönliches Erleuchtungserlebnis, sie sucht vielmehr die Beziehung zu den Mitmenschen und will sich als schöne Offenbarung darbringen.

IV

Infolge der Tatsache, dass sich viele Menschen wie auf einer Leiter mithilfe des Yoga himmelwärts bewegen wollen, ist es so schwer verständlich, wenn die Übungsweise des Yoga mit diesen Interpretationen als künstlerische Tätigkeit in die Ausdrucksgebung der Welt geführt wird. Aus diesem Grunde sind die Sätze über den neuen Impuls im Yoga so schwer verständlich. *„Die Letzten werden die Ersten sein und die Ersteren die Letzten"*, wie es im Evangelium steht.[2] Es wären aber diese Sätze nicht schwer verständlich, sie wären sogar einfach und könnten ohne jeglichen Zweifel sofort akzeptiert werden, wenn sie nicht auf ein Verständnis stoßen würden, das bereits über hunderte von Jahren in der Menschheitsgeschichte angelegt ist: Der Himmel ist oben und die Erde ist unten. Der Himmel ist jedoch im Inneren des Menschen oder, anders ausgedrückt, er ist die Kapazität seines Geist- und Seelenlebens. *„Das Auge,* wie es in der Bergpredigt heißt, *ist die Lampe des Leibes und wenn das Auge lauter ist, erscheint der Leib lichtvoll."*[3]

Der Yogapraktizierende wendet sich in mutiger und freier Hingabe an die Welt und führt aus seinem lichten Haupt oder aus seinem lichten Auge einen Gedankeninhalt zur Ausarbeitung mit seinen Mitmenschen. Er erlebt das Selbst im inhaltlichen Tätigsein, indem er eine hohe Idee im Gedanken bewegt. Dies ist die Bedeutung des Satzes: *„Der wahrhaftige Yoga ist wie eine himmlische Blüte, die ihre Blütenblätter aus der übersinnlichen Ebene hinein in die sinnlichen Verhältnisse ausrichtet."*[4] Es handelt sich um ein Licht gleich dem einer Lampe, das über das Auge und sogar im weiteren Verlauf durch den Menschen über die Welt erstrahlt. In der Kunst gewinnt der christlich-geistige Gedanke mit seiner inhaltlichen Blütenkraft ein Porträt und dieses ist wiederum ein Selbstausdruck. Wer diesen Yoga, der auch mit den Begriffen „Reinheit im Handeln", „Wahrhaftigkeit im Empfinden" und „lichte Bewusstheit in den Gedanken" ausgedrückt wird, praktiziert, schließt sich nicht wie ein Schäflein einem Hirten an. Der Praktizierende ist auf diesen Wegen frei und führt Weltenschmerz zu Weltenfreude durch seine eigene inspirierte Seele. Er sprengt die Ketten vieler Konventionen und ertastet neue Werte in den Möglichkeiten der Entwicklung von Schönheit, mit ihrem Antlitz des Gedankenlichtes.

V

Die menschliche Seele vermag in vielen Anteilen durch das Unbewusste und infolge vieler kollektiver Vereinnahmungen zu hohen Graden unfrei und unentwickelt zu sein. Sie ist durch den Körper und seine vielen emotionalen Bindungen an die irdische Welt gefesselt. In einem künstlerischen Arbeiten soll die Seele von ihren leibgebundenen Verhaftungen freier werden. Dieses Frei-Werden jedoch beginnt nicht nur innerhalb der Übungspraxis und mithilfe bestimmter, auf den Körper bezogenen, Verrichtungen. Die Versuchung, sich in eine Freiheit hinein zu üben – das ist eine Bedingung, die aus der Annahme, man wäre frei, wenn man nur die Bindung abgeschüttelt hätte, resultiert – ist allgemein im menschlichen Bewusstsein inhärent. Frei aber kann sich die menschliche Seele auf all jenen Pfaden bewegen, auf denen sie ihr eigenes schaffendes Potential zusammen mit höheren Gedanken in Beziehung zur Welt darbieten kann. Es ist das Herz und dort, wo der Mensch seinen Inhalt im Leben setzt, ist sein Schatz zugleich im Himmel.[5] Mit dem künstlerischen Weg des Yoga entwickelt sich auf unmittelbare, zwangfreie Weise die menschliche Schöpferkraft und es gelangen die Gedanken und geistigen Inhalte durch die Übung zu ihrem eigenen Selbstausdruck. Eine *āsana* ist eine Gabe und sie ist daher schön. Der Künstler bewegt sich mit seinen Schaffenskräften auf einem progressiven, wachsenden Pfad seines Selbstes. Er nimmt nichts für sich, sondern gibt einen Inhalt über die Übung hin. Er muss keine sekundären, asketischen Disziplinen leisten, jedoch bedarf er eines sorgfältigen Studiums. Der Wille nach Schönheit, Schaffenskraft, nach Darbietung und verbindender Freude in der Umsetzung eines christlichen Gedankens lassen ihn frei von sich selbst werden. Wer ein Lebenswerk mit dem Ausdruck des künstlerischen Yoga leisten möchte, wird opferbereit sein und sich ohne Mühe von Bindungen lossagen. Das Werk, das er vollbringt, trägt seine Seele, die sich im ständigen Wandel über die körperlichen Grenzen hinausbewegt, in die Welt hinein.

VI

Dieser Yoga ist von seiner Natur aus leicht, und so luftig frei wie er ist, so schwierig erscheint er zunächst in seiner mutigen Realisierung, da sich Menschen nicht mit einem Gedanken verbinden, versöhnen und diesen zu ihrem Lebensprinzip machen. *„Die Zeichen aber, die durch die himmlische Blüte des Yoga in die Welt strömen, bereichern die Herzen von innen und so sind sie für alle Menschen von Gültigkeit und von Bedeutung."* [6] Die Aussage, dass dieser Yoga für alle Gültigkeit hat, ist nicht von einer fundamentalistischen Annahme geprägt, er entspringt aus dem Gesetz des Geistes, so wie das Wort selbst aus dem Geist entspringt. Der Christus ist ein Opfer oder, noch unmittelbarer gesagt, er ist sogar das Opfer selbst. Der Gedanke ist ein Opfer. Aus diesem entstehen jene schönen Ätherkräfte, die dem Leben eine Gabe zufügen. Jene Wirklichkeit, dass man für sein Leben Ehre, Hab und Gut nehmen könnte, existiert tatsächlich in der Weltenschöpfung nicht.

Wie verhält es sich im Üben, das zur Kunst und zur ätherischen Gabe gedeihen möchte? Am Anfang erscheint eine Übung dilettantisch, wenig geformt, in sich geschlossen und undifferenziert. Es fügen sich jedoch wie zu einer schlechten Skizze langsam die entscheidenden Striche und Linien hinzu und vervollständigen das Bildnis. Das Bild selbst erwacht aus der Idee, die in die Realisierung übergeht. Ein Künstler ist niemals mit seinem Ergebnis zufrieden, denn er bemerkt in seiner Seele, dass er dieses immerfort veredeln und verschönern kann. Der Mensch kann immer mehr geben, als er doch im Moment zu leisten vermag. Schwierig ist der Weg nur dann, wenn er in Unfreiheit beginnt und der Übende nicht den Mut besitzt, sich auf die lichte Bergeshöhe eines Gedankens zu bewegen. Eine Freude ist es, da der Weg die gesamte menschliche Phantasie und die höchste Arbeitsinitiative herausfordert. Gleichzeitig befindet sich der Übende auf einem Pfad, auf dem kein wegweisender Guru oder Hirte sichtbar vorauseilt, dem man blindlings nachfolgen könnte. Obwohl das Lesen in den Schriften und das Beobachten der verschiedensten dargelegten Übungen, die es bereits durch mich in dieser künstlerischen Disziplin gibt, von besonderer Wichtigkeit ist, muss der Übende seine Grenze der Abhängigkeit übersteigen und sich frei bewegen lernen, damit er im Einsatz von immer neu sich bildenden und empfangenen Kräften seine Seele steuern kann. Das Bild des Yoga erwacht aus dem Menschen, der seine leiblichen Instrumente zur Verdeutlichung seines wohl entwickelten Inhaltes benützt.

Der neue und von unmittelbarer Schöpferkraft getragene Yoga ist eine himmlische Blüte, die ihre Blütenblätter aus der übersinnlichen Ebene hinein in die sinnlichen Verhältnisse ausrichtet. Mit diesen Worten könnte man vermuten, dass Yoga aus einer reinen Prophetie entstanden ist und, wie man es meist annimmt, von den Göttern zu den Menschen überliefert wurde. Die Aussage beinhaltet jedoch keinesfalls eine prophetische Weissagung des Yoga, sondern sie zeigt mehr eine Gesetzmäßigkeit auf. Die himmlische Blüte ist, ähnlich wie die Lichtkraft der Sonne, die reine und souveräne Dimension des Gedankens. Alle Gedanken, die in der Weltenschöpfung existieren, sind keine Produkte, die aus menschlichen Gehirnen ausströmen würden, vielmehr sind die Gedanken die ureigenen Wirklichkeiten des Geistes. Sie gehören nicht der physischen Welt an, sondern sie richten sich an diese. Das menschliche Gehirn kann Gedanken empfangen und diese in analytischen Prozessen weiterbewegen, aber es kann keine Gedanken erzeugen. Die Seinsexistenzen liegen in jenen Welten, die die indische Philosophie mit *brahman* bezeichnet und die Rudolf Steiner wieder mit dem sogenannten Geisterland, dem Geisterland der Gedanken übersetzt. So wie es eine Waldlandschaft mit Bäumen gibt, im gleichen Maße, gibt es eine geistige Welt und ihre Charakteristik sind die Gedanken oder, wie Platon es gesagt hat, die Ideen. Ein Wald wäre kein Wald, wenn es keine Bäume geben würde und im Vergleich hierzu wäre die geistige Welt nicht geistig, wenn in dieser keine Gedanken existent wären.

VII

In jener Region, in die der Mensch seine höchsten Werte ausrichtet, liegt sein innerstes Zentrum des Herzens. Jeder Gedanke, der geistige Erhabenheit und Wahrheit besitzt, erzeugt Licht und feinste Wärme, die sich über dem Haupt spiegeln und den menschlichen Ätherleib erbauen. Ein Bewusstwerden zu dieser Welt der Gedanken fördert eine sofortige Freiheit gegenüber den Körperbedingungen. Die Seele wird sich des Lichtes, das über den Kosmos bis in die Erde hineindringt, bewusst. Der Gedanke liegt der Erde zugrunde, aber er entspringt nicht aus dieser. Diese Yogaempfindung ist in diesem genannten Sinne nicht ein üblicher Weg, bei dem man stufenweise nach der geistigen Welt emporklettert. Wenn der Übende sich der Welt, wie sie geistig ist und wie sie in Gedanken ihre Ausstrahlung nimmt, bewusst wird, handelt er in Freiheit und Unabhängigkeit seines Körpers. Sein Handeln gewinnt eine lichte und seligmachende Dimension, die man im Sinne von Reinheit bezeichnen kann. Das Licht der Weltenschöpfung ist rein, so wie der Gedanke als Seinsexistenz geistig ist. Wenn ich davon spreche, dass der Yoga nicht irgendein Weg ist, den man üblicherweise betritt, so ist diese Aussage ein Hinweis auf den Bewusstwerdeprozess, der für alles Handeln und Üben am Anfang steht. Wenn Yoga die Reinheit im Handeln repräsentiert, erscheint es günstig, dass man sich bewusst wird, wie eine Handlung schön und anziehend wirken kann, sobald sie im Umfang eines Gedankens und vollen Bewusstseins stattfindet. Gleichzeitig kann von einer Wahrhaftigkeit in dem Empfindungsleben des Menschen gesprochen werden, wenn er sich nicht von willentlich orientierten Emotionen oder allgemeinen egoistischen Gefühlen motivieren lässt. Eine Wahrhaftigkeit lebt unmittelbar in der Seele durch den Geist, der mit dem Gedanken repräsentiert ist und zur Führungskraft des Menschen wird. Der Einzelne findet sein Zentrum und er findet seinen Schatz im Himmel und sein Herz auf Erden. Schließlich gewinnt die lichte Bewusstheit in dem Gedanken immer eine universal gültige Ausstrahlung. Yoga ist durchaus die lichte Bewusstheit in den Gedanken oder sogar, wenn man es noch deutlicher ausdrückt, das christliche Licht durch den entwickelten Gedanken selbst.

VIII

Die Wege in der Welt, die mit Yoga bezeichnet werden, vermissen heute weitgehend die lichte Bewusstheit zu der Seinsexistenz des Gedankens. Sie zeigen sich häufig durch positives Denken[7] oder durch übende Verrichtungen. Würde jemand, der sich auf dem Yogapfad befindet, diese unmittelbare Bewusstheit in einem Gedanken erleben, würde er nicht nur die Seinsexistenz dieses Gedankens erfahren, er würde sein eigenes Inneres in dieser Dimension des Gedankens entdecken. Die Konsequenz dieser Erkenntnis wäre schließlich, dass er alle Übungen, Meditationsformen und disziplinierten positiven Handlungen als sehr relativ bewerten würde und deshalb in Reinheit und Freiheit dem Leben begegnen kann. Im Allgemeinen aber suchen viele Menschen mithilfe von Yogaübungen und Meditationsbemühungen ihren sogenannten „Geist" zu beruhigen, sie meinen damit jedoch nicht wirklich den Geist, denn dieser kann nicht beruhigt werden, und dies weiß man, wenn man den Geist kennt. Er ist in sich selbst die unmittelbarste Ruhestätte, bei gleichzeitiger Strahlkraft und Erhabenheit. Gemeint ist von vielen Menschen vielmehr, dass sie ihre intellektuell willentliche Situation beruhigen wollen. Yogaübungen können dies leisten, denn es ist bekannt und erfahrbar, dass über den Körperweg ein innerer Ausgleich stattfinden kann und schließlich der Übende eine Steigerung seines Energiepotentials erfährt und eventuell sich in den Nerven gestärkt fühlt. Diese Techniken sind möglich, jedoch nahe an den Körper fixiert.

Die Offenbarungen im authentischen Sinn des Wortes „Yoga" beanspruchen den Menschen, erwecken sein Zentrum, denn nicht die Technik, sondern der erwachte Geist im Menschen ist es in seinem Selbstausdruck, der die Qualität, Effizienz und Schönheit des Yoga hervorbringt. Der indische Lehrer Sivananda gründete die Life Divine Society und verschiedene seiner Schüler brachten seine Grundgedanken im Sinne eines Yoga in alle Teile der Welt. Bedeutungsvoll für das Verständnis der himmlischen Blüte, die der eigentliche und unmittelbare Yoga ist, erscheint die Person von Sivananda. Von seinem Namen bezeichnet er die Gottheit *Śiva* und das Erleben des *ānanda*, der Glückseligkeit im Höchsten. Wer eine Originalschrift dieses indischen Lehrers, der 1963 verstorben ist, liest, bemerkt unmittelbare Authentizität und Kraft in den Worten. Wie entwickelte sich diese Überzeugtheit, die der in Rishikesh lebende Lehrer mit Worten und Taten hervorbrachte? Auf der Suche nach seinem früheren Erdenleben lässt sich eine Parallele zum frühchristlichen Zeitgeschehen entdecken. Zu dieser Zeit war Sivananda als christliche, besondere Persönlichkeit inkarniert. Er war damals eine sehende, geistig hellsichtige Persönlichkeit, die in engstem Zusammenhang mit Paulus stand. Die Worte, die heute Sivananda spricht und die eine außerordentliche Klarheit, zweifelsfreie Überzeugtheit und unmittelbare Wahrheitsdarlegung sind, gestalten sich als Ergebnis der früher gegebenen Hellsichtigkeit. In jedem Wort von Sivananda drückt sich eine plastische und solide Entschlossenheit für Spiritualität aus. Jene begehrensvollen Laster, die den Leib so sehr an die irdische Welt ketten, lassen sich durch die Worte von Sivananda sehr leicht relativieren, und wer sich mit einiger Aufmerksamkeit seinem von ihm vorgeschlagenen *sādhana*, den geistigen Übungen, hingibt, nimmt teil an einer hochkarätigen Kraftausstrahlung. Es ist die Präsenz von sogenannten Jupiterkräften, das sind hohe Werte der Religion und des ethischen Menschseins. In Sivananda lebt ein himmlisches Zeugnis einer realen, authentischen, geistigen Wirklichkeit. Er verkörpert eine Blütenkraft des Geistes für Yoga. Die Seele von Sivananda ist mit den besten Jupiterkräften in der Weltenschöpfung vereint.

Mit diesen Beschreibungen lässt sich deutlich erleben, dass es einerseits Lehren des Yoga gibt und andererseits wahre Blütenpole, die den Yoga unmittelbar spenden. Die Lehre des Sivananda verbreitete sich in der Welt und sie wird wohl verschiedene Möglichkeiten zur spirituellen Entwicklung anregen. Im Geiste Sivanandas jedoch lebt die unmittelbare Ausstrahlung und wer diese erkennt, bewertet fortan Lehrformulierungen als Ausströmungen des Geistes, als Offenbarungen einer Quelle, aber er erlebt die Quelle wie das eigene Zentrum selbst. Methodische Ansätze des Yoga gewinnen sodann eine relative Bedeutung.

IX

Eine völlig andere Wirkungsdimension nimmt die Seele von Sri Aurobindo an, der in Pondicherry lebte und 1950 verstarb. Obwohl beide, Sivananda und Aurobindo, eine tiefgründig christliche Botschaft transportieren, zeigen sie sich mit außerordentlich unterschiedlichen Äußerungen. Sri Aurobindo war in früheren Phasen seines Lebens Freiheitskämpfer und entwickelte im Laufe seines Lebens in zunehmender Zurückgezogenheit eine Art Kosmologie des Yoga. Er benannte diese den Integralen Yoga. Seine Worte sind wie eine Art lebendige Bewegung, manchmal wie Dichtung, sie beinhalten elegante und anspruchsvolle Beschreibungen einer Wahrheit, die dem Menschsein inhärent ist und die er durch Übung und Disziplin entdecken kann. Er trägt in seiner Seele den Astralleib des bekannten Astronomen Johannes Keppler. Sein Werk zeigt eine unendliche Vielfalt von Reflexionen einer wahrgenommenen geistigen Wirklichkeit. Die Worte, die er zu außerordentlich langen Sätzen verknüpfte, spiegeln nahezu Bewegungen einer kosmischen Wirklichkeit. Sri Aurobindo ist eine Verkörperung einer himmlischen Blüte des Yoga, die ohne seine persönliche Initiative niemals in die Welt hätte kommen können. Wenn Seelen wie Sivananda oder Aurobindo in die Weltschöpfung während ihrer Lebenszeit hineinwirken und des Weiteren nach dem Tode wie große Himmelskräfte weiterleuchten, orientieren sich viele Menschen, die bislang einem Übungsweg folgten, neu. Durch die Wahrnehmung der Menschen zu diesen Seelen und ihrer einzigartigen Größe, werden viele kleine und sehr begrenzte Bemühungen, die im Yoga routinemäßig stattfinden, wie aus ihrer Begrenzung herausgehoben und erlöst.

X

Es ist tatsächlich eine große Wahrheit, dass eine reine Methode, ohne hinwendende Erkenntnis an den Menschen, der diese begründet hat, die Grenze des materiellen Gebrauches nicht übersteigen kann. Yogaübungen mit ihren vielen verschiedenen methodischen Ansätzen neigen sich allzu leicht dem materiellen Konsum hin und verlieren ihre Lebendigkeit. Die menschliche Seele, die sich bis in die tiefen Geheimnisse hineinzubewegen vermag und die Ursprünge in der vom Menschen getragenen Schöpferkraft erkennt, erfüllt die Yogapraxis mit Leben. Wer könnte es sein, der Leben und Geist erzeugen kann? Ein fremder Gott? Nein – welche Banalität. Es ist das menschliche Geistleben. Ein Yoga, der kein Leben besitzt, ist jener, der seinen eigenen Begründer geringschätzt oder gar aus der Lehre eliminiert und glaubt, er könne mit Übungstechnik und lehrgerechten Formulierungen zum Höchsten vordringen.

Ich gebe die Kraft zu dem geistigen Leben und sie ist auch die Nahrung wiederum für mich selbst. Wenn die Zeit kommt und diese Worte verstanden werden, wird niemand mehr mit Anstrengung āsana praktizieren und mit Zwang meditieren müssen. Dann erfüllt sich meine Arbeit und der Geist, der dies ermöglicht, wird allezeit bleiben.[8]

Diese Worte, in denen mit dem Ich eine unmittelbare persönliche geistige Dimension beschrieben wird, führen den Praktizierenden in den Zusammenhang der menschlichen Schöpferkräfte hinein. Sie beschreiben keine eitle Position oder ein machtvolles Guruverständnis, vielmehr weisen sie auf die Inspirationsquelle hin, die in allen Übungen und Darlegungen dieses Yoga enthalten ist.

Eine Methode des Yoga kann nicht ohne die menschliche Schöpferkraft entwickelt werden. Je mehr diese aus dem Geist kommende schöpferische Dimension erfasst wird, desto mehr belebt der Übende seine angewandte oder übernommene Yogamethode. Der Ursprung einer jeglichen geistigen Disziplin liegt in einer Idee und diese Idee wird zu einem Ideal gedacht, sie wird weiterhin in die Zusammenhänge der Welt geführt und am Ende zeigt sie sich als Gesetzmäßigkeit und Methodik. Der Yogapraktizierende entdeckt den Ursprung und erlebt das Mysterium des schöpferischen Seins in einem Ich-Selbst, in einer geistigen Wirklichkeit einer anderen Person. Er erfährt sich durch diese neu entdeckte Dimension und erlebt, dass sein eigenes Ich-Selbst nicht getrennt von der Wirklichkeit dieses schöpferischen Selbst des Lehrers ist. Nicht Ich bin es, wird der Praktizierende sagen, nicht Ich in meinem kleinlichen Ich, sondern es ist die schöpferische Wirklichkeit in einem christlich-geistigen Urgrund, die sich durch die Worte des Lehrers ausdrückt.

XI

Die Aussage, *„wer die Augen öffnet“*, beschreibt einen nicht leicht verständlichen geistigen Vorgang, der auf sinnbildliche Weise umschrieben ist. Die Augen als physische Sinnesorgane richten die Blicke hinaus zu den Phänomenen der Welt. Das Auge ist nach dem Evangelientext die Lampe des Leibes und wenn dieses lauter ist, erscheint der Leib ebenfalls lichtvoll. Das Evangelium spricht jedoch nicht von den rein physischen Sinnesorganen. Ein Öffnen der Augen bedeutet ein unmittelbares Wahrnehmen einer Wirklichkeit, die übersinnlich ist. Die Augen bewegen sich durch und innerhalb einer nervlichen Steuerung. Im Nervensystem unterscheidet man sensible und motorische Nerven. Je mehr der Mensch durch seine subjektiven Neigungen, Begehrensgelüste, Gewohnheiten und Projektionen geleitet ist, desto mehr blickt er mit Emotionen und einem fixierten Willen auf die Erscheinungen dieser Welt. Sein Zentrum ist nicht gegeben. Die Augen sind durch eine Art begehrende Motorik gesteuert und es ist wahr, dass auf dieser Grundlage der Leib zur Finsternis neigt. Jener Mensch sieht sich gewissermaßen in der eigenen Selbsthülle und übersieht die Wirklichkeit, wie sie tatsächlich durch einen wahren Gedanken ist. Damit er die Objekte der Welt oder den Anderen in ihrem tatsächlichen Sein erkennt, müssen ausreichend jene sensiblen, das heißt wirklichen objektiven Wahrnehmungsprozesse, die frei von einem eigenen Getriebensein sind, stattfinden. Der Gedanke will sich erheben und die Sinne lenken. Die Motorik braucht die sensible Wirklichkeit. Die lichte, objektive, sehende Umsetzung in den Augen geschieht durch die freie, sensible Empfänglichkeit, die aus einem Gedanken erwacht. Die Augen zu öffnen erfordert deshalb ein Zurückweichen des gebundenen körperlichen Daseins, mit all seinen Anhaftungen im Bewusstsein, und ein wirkliches, gelerntes, wahrnehmendes Sehen im sensiblen Empfangen des Gedankens.

Der Sinnesprozess bedarf einer Art Ablösung vom Körperlichen, damit er neu in der Sensitivität eines freien Wahrnehmens und einer unmittelbaren Beziehungsgabe auferstehen kann. Ein Öffnen der Augen bedeutet in diesem Sinne einen Neuanfang im Bewusstsein, unabhängig von der Leidenschaft aller körperlichen Fixierungen.

XII

Das Wort *bhakti* bedeutet Hingabe und stellt im klassischen Yoga einen Pfad des Trimarga, des dreigliedrigen Weges, dar. In der Bhagavad Gītā wird die Hingabe als eigener Yoga behandelt. Die Entwicklung von Erkenntnissen und höchstem Wissen bezeichnet die Bhagavad Gītā mit *jñāna-yoga* und den Weg der frei gewählten Aktivität und Handlung mit *karma-yoga*.

Bhakti, die Hingabe, bedeutet in einfacherem Sinn eine empfindsame und liebende Hinwendung zu einem Lehrer, einem Ideal oder zu einem Ritual. Diese einfache Bedeutung, die sich in vielen Traditionen mit unterschiedlichen Ausdrucksformen entwickelte und etablierte, kann als eine Vorbereitung zu einem höheren Hingegebensein führen. Liebe als höchste Ausstrahlung, sowohl zur Welt als auch zum Geist, lebt und atmet in der Fähigkeit der vollständigen Hingabe.

Es könnte der Fehler eintreten, dass sowohl die einfache Form der Hingabe an einen Lehrer, als auch jene an ein Ideal mit Selbstaufgabe verwechselt wird. Es handelt sich jedoch nicht um Selbstaufgabe, sondern um höchste Selbstüberwindung, Selbstübersteigung und Selbsterkraftung. Deutlich erscheint das reine Gegenbild zu jeglicher Form der Unterwürfigkeit und passiven Gehorsamspflicht, wenn sich der Übende in die tatsächlichen, höheren und höchsten Ebenen, die in *bhakti* leben, hineinarbeitet. Wer beispielsweise ein Ideal kennenlernt und dieses als wahr empfindet, muss sich für die Realisierung intensiven Studiengängen hingeben und in mutiger Weise sein Leben auf höchste Werte ausrichten. Sein Wille wird kräftig und seine Persönlichkeit stark. Im Gegenteil könnte er beispielsweise bei Kenntnisnahme eines Ideals sagen, dass er infolge der lebensexistentiellen Plagen keine Zeit zur Realisierung des höheren Geistes und des erstrebenswerten Zieles habe oder er könnte sich auch Schwachheit und Unfähigkeit einsuggerieren. Entdeckt er die Kraft von *bhakti*, die das tiefste Willenspotential im Menschsein darstellt, lernt er die besten Ideale höher zu stellen als den Körper, die Gesundheit und alle Emotionen, die das Leben beherrschen. Hingabe ist unmittelbare Aktivierung des Willenspotentials, das sich zu Zielperspektiven aufrichtet. Wenn es ein Ideal gibt, will es durch Liebe und Treue zielorientiert und mit höchster Aktivität verfolgt werden.

Der Begriff des Glaubens will sich keinesfalls auf ein Credo beziehen. Wer heute ein geistiges Ideal kennenlernt und es als wahr identifiziert, führt seinen Willen auf den Weg zur Verwirklichung. Die ersten Ansätze zur Entwicklung eines Ideals mögen schwierig sein und es könnte anmuten, als wolle man mit der menschlichen Muskelkraft tatsächlich einen Berg versetzen. Das Wollen als tiefste Seelenkraft verbindet sich mit der Fähigkeit, sich dem Ziel ganz hinzugeben, obgleich dieses noch in weiter Ferne zu liegen scheint. Es arbeiten jedoch täglich und nächtlich die Engelskräfte am Menschen und fördern die Fähigkeit, das Ziel immer besser zu empfinden und es zu ergreifen. In ganz besonderer Weise arbeiten die Urbildekräfte an der inneren Formung und steigern die Liebesfähigkeit der Seele, damit aus dem bisherigen schwachen Beginn eine wachsende Stärke der Perspektive entsteht und die Realisierung progressiv und sicher zum Erfolg voranschreitet. Die Hingabe, *bhakti,* ist die innerste Kraft, die im Menschsein verankert ist, sie ist die urbildliche Genialität, die im rhythmischen Aufbau das Leben zu verzaubern und zu verwandeln vermag. Sie ist eine Dimension, die sich durch die Archai, durch die Engel der Urbildekräfte, freisetzt. Wer sie beispielsweise in mir entdeckt und den Mut zur Verwirklichung leistet, wird Großes entwickeln.

Bhakti ist nicht eine Forderung, die ein Lehrer einem Schüler auferlegen könnte, sie ist nicht an Rituale gebunden, bei denen Hingabe, wie es beispielsweise im *pūjā*-Ritual geschieht, geübt wird. Sie ist eine Dimension, die entdeckt und sodann gelebt werden möchte.[9]

In diesem Sinne ist meine Botschaft, die ich im Yoga ausdrücke, weder an eine Tradition angeknüpft, noch ist sie eine Disziplin, die von bisherigen Lehren übernommen wurde. Der Yoga, wie ich ihn verstehe, ist ein unmittelbarer Ausdruck des Seelenlebens und der geistigen Schöpferkraft des Menschen.

---

1) Friedrich Hegel beschreibt in seiner Philosophie, dass Wahrheiten nicht immer die gleichen bleiben, sondern dass diese im Laufe der Zeit durch die wirkenden Zeitgeister Veränderungen erfahren. Das Prinzip der Selbstverwirklichung nimmt deshalb in den verschiedenen Menschheitsperioden unterschiedliche Formen an. Die Welt von *brahman* und die Gesetze der geistigen Welt bleiben in ihrer Wahrheit einzigartig und gleich bestehen, die Formen jedoch, wie sich Menschen diesen Wahrheiten annähern, wie sie sie mit Worten definieren und in welcher Art sie eine Synthese mit dem Leben herstellen, nehmen unterschiedliche Charakteristiken an.

2) Mt 19,30: „Aber viele Erste werden Letzte und Letzte Erste sein."

3) Mt 6,22: „Die Lampe des Leibes ist das Auge, wenn nun dein Auge klar ist, so wird dein ganzer Leib licht sein."

4) siehe S. 161

5) Mt 6,20-21: „(...) sammelt euch aber Schätze im Himmel (...) denn wo dein Schatz ist, da wird auch dein Herz sein."

6) siehe S. 162

7) Im positiven Denken strebt der Übende danach, sich durch Affirmationen oder Visualisierungen in eine positive bzw. optimistische Grundstimmung zu versetzen. Das positive Denken gibt es in unzähligen Ausprägungen, es findet in den meisten Fällen ganz ohne die konkrete Wahrnehmung der freien und geistigen Dimension des Gedankens statt. So kann sich das Denken nicht in einem Konzentrationsprozess vom Körper loslösen, sondern wird sogar mehr an diesen gebunden.

8) Die Bedeutung der *āsana* sei jedoch mit dieser Aussage nicht gering geschätzt, denn sie stellen wertvolle Übungen dar, die den Ausdruck von hoher und höchster Ästhetik, verbunden mit erfüllender Hingabe darlegen können. Ein intensives Üben macht dem Teilnehmer Freude, wenn er dieses Üben um eines größeren Gesamten entwickelt und nicht zu sehr an sein Persönliches binden muss.

9) *Pūjā* ist ein indisches Ritual. Hierzu dienen Heiligenfiguren, die meist in Milch gebadet werden und von dem Schüler mit inbrünstigen Gefühlen gesäubert und am Altar postiert werden.

Der Rhythmus von drei und sechs Tagen

I

Der Rhythmus ist ein Weltenphänomen. Eine obere Welt, ein Kosmos, begegnet sich mit der Erde und erschafft durch seine sensible Berührung die rhythmischen Erscheinungen. Es ist ein Erwachen der Zeit in aufgegliederter Form und Bewegtheit. Rhythmik entsteht immer in jenen Momenten, in denen eine höhere Seinsdynamik mit einer niedrigeren Erscheinung zusammentrifft. Der Punkt der Berührung des Lichtes mit der Weltenschöpfung, der Rhythmik erzeugt, bleibt sensibel und von aller irdischen Schwere frei. Rhythmus ist deshalb ein erwachendes Phänomen des waltenden Kosmos.

So wie das Leben in Rhythmen verläuft, im gleichen Maße erscheinen die Entwicklungsverläufe der menschlichen Seele innerhalb bestimmter Zeitabstände. Sehr bekannt sind die Lebensjahrsiebte-Rhythmen, die verschiedene Entwicklungsstufen der Reifewerdung eines Kindes zum Jugendlichen und schließlich zu einem Erwachsenenalter beschreiben. Diese Rhythmen entspringen nicht primär, wie man glauben könnte, aus dem Körper, sondern aus den kosmisch vorgegebenen Bedingungen. Sowohl die Wachstumskräfte als auch die reifenden Seelenprozesse geschehen innerhalb eines größeren Gesamten. Sie könnten ohne eine höhere geistige Wirklichkeit nicht eintreten, denn sie sind ein Ausdruck der Berührung eines Oberen mit einem Unteren. Die seelische und geistige Reifewerdung des Menschen ist durch die höhere Wirklichkeit vorgegeben und trifft auf die individuelle, oft beharrliche Struktur. In diesem Zusammentreffen eines höheren Willens mit einem bisher angelegten Begehren entfaltet sich eine Rhythmik. Die geistige Dimension und die Entwicklung gehören unmittelbar zusammen.

II

Eine spirituelle Initiation, eine sogenannte Einweihung, geschieht in den meisten Fällen durch das weisheitsvoll gesprochene Wort oder durch eine authentische, wie es im Evangelium heißt, in Vollmacht stehende Rede.[1] Diese Rede in der Vollmacht und in der Kraft der geistigen, unmittelbar gegenwärtigen Wirklichkeit ist keinesfalls mit einer reinen Informationsübermittelung, wie beispielsweise von einem modernen Lehrer an einen Dritten, zu verwechseln, es ist vielmehr ein sehr wohl gewähltes, mit Geistinhalt erfülltes Reden, das sich im Kerngehalt und im Umkreis mit unmittelbarer Wirklichkeit offenbart und somit eine erfüllte, faszinierende Autorität besitzt. Eine Einweihung ist deshalb nicht mit einem Ritual, das routinemäßig praktiziert wird, gleichzusetzen. Sie geschieht vielmehr in der Begegnung mit einem Menschen, der ganz in einer Weisheit tiefgründig lebt, der Weisheit selbst ist und der ein Beziehungsverhältnis aus dieser Weisheit zur Welt entwickelt hat, sodass er sie unmittelbar an Dritte durch seine Ausstrahlung, Gestikulation oder seine Worte übermitteln kann. Einweihung heißt, dass der Geist durch den Menschen selbst in die Gegenwart gelangt.

III

Wenn ich zu meinen Schülern spreche erleben diese eine Art innere Berührung, und sie fühlen eine tiefe verborgene Wahrheit, wie auch Liebe in den Worten. Es dauert jedoch mehrere Tage, genau genommen drei volle Tage, bis diese Worte in ihren ersten Wahrheitsfundamenten verstanden werden können. Am Anfang entflammt eine feinste Berührung. Durch Wiederholung entdeckt der Schüler oder die teilhabende Person die Wirklichkeit hinter dem Wort und nach drei Tagen gewinnt das Wort eine erste Gestalt. Vielleicht mögen kleine Phasen von Kopfschmerzen, Unbehagen und Abwehrgefühlen entstehen, die sich jedoch relativ schnell auflösen, wenn die Begegnung im Dialog oder im Unterricht durchgehalten wird. Der Same des Wortes oder die Substanz der Wahrheit, die im Worte liegt, beginnt nach drei Tagen erstmals zu keimen. Leise und neue Empfindungen erwachen in der Seele des teilhabenden Menschen, und dieser fühlt sich in der Kraft wie ein erstes Mal neu geboren.

Wenn diese Erfahrungen eingetreten sind, so kann der auf diese Weise sensibel Initiierte jederzeit umkehren. Er trägt eine Erfahrung des lebendigen und gestalteten Wortes in sich. Er konnte die Realität, wie durch den Menschen und durch sein Wort der Geist zu wirken vermag, erleben. Noch ist für ihn keine Verpflichtung in strenger Form zur weiteren Schulung, Verantwortung und Umsetzung des Erlebten dringend angezeigt. Es entstehen erste Empfindungen durch das lebendige Wort für das Existentsein des Geistigen. Derjenige, der dieses lebendige Wort vernimmt, bemerkt, dass das Wort nicht ohne den Menschen zur Erkraftung gelangen kann. Der Mensch und das Wort gehören zusammen, so wie der Geist und der Mensch im verwirklichten Zustand eine untrennbare Einheit bilden.

IV

Würde eine Einweihung nur durch Technik, Ritual oder, wie es heute häufig geschieht, durch mediale Übertragung stattfinden, so kann der teilnehmende Mensch die Wirklichkeit weder in sich selbst noch im Lehrer erkennen. Das Bedeutende bei der Einweihung liegt in der Authentizität des Wortes und diese ist durch den Menschen unmittelbar gegeben.

Nach sechs Tagen der intensiven Zusammenarbeit mit geistigen Inhalten erwacht im Seelenleib des Teilnehmers ein tiefes Wahrheitsfühlen und intuitives Wahrheitswissen. Das nach drei Tagen nur bis zum Keimen gebrachte Samenkorn beginnt nun ganz zu einer ersten Pflanze heranzureifen, die sich weiterhin an die Peripherie und vor allem in die Ausrichtung nach oben bewegen möchte. Ein tiefes Fühlen zu einer spirituellen Wahrheit, die im Wort vermittelt wurde und durch Wiederholung und Auseinandersetzung über sechs Tage eine intensive Pflege erhält, lässt im Lebensleib, im Ätherleib des Menschen, eine lichtvolle Kraft entflammen. Das innere geborene Wahrheitsfühlen beginnt sich als Teil des individuellen Lebens zu manifestieren. Der Übende erlebt nun durch das lebendige Wort, das er über längere Zeit gepflegt hat, eine im Ätherleib auferstehende Erkraftung, die er bislang nicht kannte. Sie organisiert sich zu den bisherigen Verhältnissen hinzu. Sie kommt jedoch nicht aus dem Körper und aus den bisher gelebten Gefühlen, sondern sie erwacht wie neu, wie eine Sonne in der Seele, die es bisher nicht gegeben hat.

Nach sechs Tagen einer Entwicklung, wie diese hier im rhythmischen Aufbau beschrieben ist, kann der so Initiierte nicht mehr zu seinem alten bekannten Leben zurückkehren. Er muss nun um der Wahrheit seiner eigenen Erfahrung willen für sein empfindsam erworbenes Wissen und seine Erkenntnis die spirituelle Entwicklung weiterpflegen. Jedoch kehren viele, die diese Initiationserfahrung erlebt haben, aufgrund von weltlichen Eifereien, Abhängigkeiten und aus mangelnder Konsequenz in ihrer eigenen Entwicklung wieder zu ihren alten Emotionen und Lastern zurück. Sie spalten sich in ihrem Inneren von der seelisch-geistigen Entwicklung ab und müssen infolge ihrer Inkonsequenz und ihres eigenen Selbstbetruges viele Kompensationen des Lebens aufsuchen. Sie ersticken das sich veredelnde, werdende Leben und folgen den sich im wachsenden Maße erstarrenden körperlichen Gefühlen und irdischen Leiden. Nach dem Evangelientext würde man hier das Wort des Todes wählen, das ebenfalls im übertragenen Sinne gedacht ist.[2] Der Tod ist so viel wie das Ersticken der Sonnenkräfte im Menschen und das Erwachen reiner Projektionen, wie sie der Mond demonstriert.

V

Das sogenannte Innere und im Gegensatz dazu das Äußere sind Begrifflichkeiten, die auf sehr ungenaue und allgemeine Weise ein geistiges Wirklichkeitsverhältnis beschreiben. Heute erscheinen mir diese Worte nicht mehr ohne eine ausführliche Erläuterung dienlich. Das Innere bildet den tiefen Wesenskern oder die geistige Wirklichkeitssubstanz, während das Äußere die sinnlich greifbare Daseinsebene beschreibt. Alle Entwicklung beginnt in einem konkreten Gedankeninhalt oder einer Idee, die zu logischen Vorstellungen ausgearbeitet wird. Sie ist unsichtbar, in einer gewissen Weise sogar immer abstrakt und doch bildet sie eine Realität. Noch kann eine Idee nicht sofort die äußere sichtbare Welt erreichen. Sie bleibt vielleicht lange Zeit im Verborgenen und das heißt, sie behält ihr reines inneres Stadium der Entwicklung bei. Beginnt sich aber die Idee in das Äußere auszuarbeiten und nimmt sie eine praktische Form an, kann sie ein unmittelbarer sichtbarer oder wahrnehmbarer Teil der Welt werden. Das Innere wird Äußeres. Alle Entwicklungsprozesse, sowohl die spirituellen, als auch allgemein die weltlichen, tragen in sich verborgene Ideen, Gedanken und somit geistige Saatkeime. Sie bilden den Anfang einer jeden Entwicklung und Manifestation. Aus diesem Grunde kann man allgemein sagen, dass das Innere oder das Geistsein den Anfang bildet und die sichtbare Welt, mit ihren Äußerungen und Manifestationen, ein Ergebnis aus dieser Entwicklung darstellt. Würde man den Fehler machen und die äußere Welt, mit ihren bereits manifest gewordenen sichtbaren Wirklichkeiten an den Anfang stellen, müsste man jegliche spirituelle Fortentwicklung ausklammern.

VI

„Ausdauer und Glauben führen Stufe für Stufe näher zu dem überpersönlichen Wissen."[3] Der hier benannte Begriff Glaube kann eine irreführende Rolle gewinnen, deshalb sei er hier noch einmal in einem veredelten und höheren Sinne benannt. Der zu Initiierende, der sich den geistigen Welten annähern möchte, muss sein passives Glaubensschema förmlich durch ein konkretes Bewusstsein des Wahrnehmens und Wissens überwinden, damit er Irrtümern, die auf dem Weg von allen Seiten lauern, vorbeugen lernt. Ein Glaube an einen Gott oder an ein Göttliches, ohne einen klaren konkreten Gedanken, der sich im Geiste gründet und der eine Seinswirklichkeit der höheren

Ebenen des Daseins darstellt, würde den Initiierenden zum Scheitern bringen. Der Begriff Gott ist tatsächlich mit unendlichen Ideologien belegt. Er kann beispielsweise für ein politisches Regime gebraucht werden oder in emotionaler Weise vom Sohn zu der Mutter und eine Bindung belegen. Gott erscheint häufig in banalem Sinne stellvertretend für die Vorlieben und Ideologien des Menschen.

Aus diesem Grunde möchte ich, dass alle jene, die zu mir kommen, die Worte und Inhalte studieren, sie in ihrer gedanklichen Konkretheit wahrnehmen, sie über einige Zeit pflegen und bis in die Seele empfinden. Die letzte Stufe ist die Realisierung des Gedankens zur sozialen Praxis. Der Übende benötigt hierfür nicht ein Credo im Sinne eines religiösen Bekenntnisses, sondern ein unbedingtes Für-wahr-Halten und Vertrauen in den gedachten Gedanken. Glaube bedeutet, dass der Gedanke eine Seinsexistenz im wahren Sinne ist. Die Einweihung lässt den Gedanken im Menschen auferstehen und es ist der einzelne Strebende, der nicht irgendeine Ideologie glaubt, sondern im Gedanken sein Denken beginnt und sich regelrecht in der Wirksamkeit in vollständiger Bewusstheit dieser höheren Seinsexistenz bewegen lernt. Mut, Aufrichtevermögen, Vertrauen in das Wirkliche und doch Ungreifbare, sowie Ausdauer, sind auf diesem Weg die geschwisterlichen Begleiter der Seele.[4]

---

1) Mt 7,28-29 „Und es geschah, als Jesus diese Reden vollendet hatte, da erstaunte die Volksmenge sehr über seine Lehre, denn er lehrte sie wie einer, der Vollmacht hat, und nicht wie ihre Schriftgelehrten."

2) Lk 9,59-60: „Er sprach aber zu einem anderen: Folge mir nach! Der aber sprach: Herr, erlaube mir, zuvor hinzugehen und meinen Vater zu begraben. Jesus aber sprach zu ihm: Lass die Toten ihre Toten begraben, du aber geh hin und verkündige das Reich Gottes."

3) siehe S. 163

4) Initiation gab es im Evangelium durch Johannes den Täufer. Es war zu dieser Zeit durch Johannes eine alte Taufe gegeben. Die Vorstellung über Taufe ist heute degeneriert. Johannes der Täufer bereitete seine Zöglinge mit Reinigung und Buße vor, tauchte dann die Schüler so lange unter Wasser im Jordan, bis sie das Bewusstsein verloren und ein Nahtoderlebnis erfuhren. Durch dieses Grenzertasten mit dem Tode erlebten die Schüler die geistige nachtodliche Wirklichkeit.

Der Gärtner und der Garten

I

Das menschliche Bewusstsein, das während der Erziehungs- und Erfahrungsjahre des Daseins die unterschiedlichsten Reifeschritte annimmt, wirkt immer auf die Naturbedingungen, auf die Umwelt, auf die Mitmenschen und zuletzt rückwirkend auf die eigene Körperlichkeit. Allgemein wird in der geistigen Wissenschaft dieses menschliche Bewusstsein, zusammen mit den unbewussten Anteilen, als der sogenannte Astralleib bezeichnet. Der Name „Astralleib" erscheint deshalb sinnvoll, da das menschliche Bewusstsein sich niemals getrennt vom Kosmos und seinen Sternen bewegen kann. Dennoch besitzt der Mensch einen individuellen Astralleib, der nur bedingt harmonisch mit dem kosmischen Seinsprinzip zusammenhängt. Der Mikrokosmos kann nur durch die Existenz des Makrokosmos zu seiner wahren Wirksamkeit gelangen. Wenn das Bewusstsein die Wahrheiten, die im nachtodlichen Leben eine Seinsexistenz hatten und die eine universale Kraft besitzt, errungen hat, erstrahlt das individuelle Bewusstsein in Umkreisbewegungen heilsam, erbauend und wahrheitsfördernd aus dem Menschen hervor. Aber es ist nicht der Körper mit seinen Organen die Mitte, sondern die Lebendigkeit der ätherischen Bewegung von wahren Gedankeninhalten, Empfindungen und Willensimpulsen. Aus der Weite kam das Bewusstsein zum Menschen und begleitet die Erdentage mit all seinen eigentümlichen individuellen Eigenschaften. Es will wahr werden, wahr nach der Seinsexistenz der besten geistigen Qualitäten. Der Mensch wird durch das geistige Licht schön, weit und strahlt in seinen Umkreis aus. Ist das Licht durch Wahrheit und Geistigkeit zu einem hohen Grade entwickelt, begleiten die schönen Sterne den Menschen, es steigen die Engel an ihm auf und nieder. Es ist der Kosmos mit seinem Licht und doch der Mensch, der auf die Umwelt wirkt. Jede einzelne Person gehört zu einem Gesamten und wirkt auf dieses gemäß der unterschiedlichen Grade des Bewusstseins. Wenn sich nun der Einzelne ein richtiggehend spirituelles Ziel setzt und wahren Inhalten hingibt, die im Nachtodlichen eine Seinsexistenz besitzen, nimmt er die Position des Gärtners ein.[1]

II

Der Gärtner ist der Schöpfer des Gartens, ohne dessen Existenz die Pflanzen und Kräuter lediglich wild, unkultiviert und ineffizient durcheinander wachsen würden. Der Kosmos ist ohne den Menschen nicht existent und der Mensch ist ohne Kosmos nicht wirklich. Das Zentrum im Menschen und im Kosmos bildet der Christus und dieser erscheint im reinen Gedanken. Jeder Garten trägt die Gedanken und Ausdrucksformen, die der Gärtner in diesen hineinlegt. Die Gedanken erquicken, erleuchten sich in ihrer wahren Seinsexistenz und so werden sie zu seinem persönlichen Werk, das er in Zusammenhang mit den Naturbedingungen kreiert. Indem der Gärtner ein Werk erstellt, das einen sichtbaren und bewertbaren Ausdruck in der Weltenschöpfung einnimmt, erlebt er sich selbst als eine schaffende Person und er erlebt das Geschaffene. Beide, der Schöpfer und das Werk, gedeihen in einer zusammengehörigen Einheit. Sie zeigen Formen und schöne Ergebnisse einer tatsächlich stattfindenden Entwicklung des Bewusstseins. Inmitten dieser Werke atmet auf ungesehene Weise der Christusgeist.

III

Es ist ein Irrtum, wenn derjenige, der spirituelle Vervollkommnung anstrebt, nur bei sich in seinen eigenen persönlichen Verhältnissen diese umzusetzen versucht und ein Werk, das in der Welt entstehen möchte, leugnet. Der Gärtner findet erst zu seiner Berufung, wenn er tatsächlich unaufhörlich und bei jeder Witterung das Hohelied seines Werkes, den Garten, zur Manifestation und Blüte führt. Alle sind zum Leben berufen und dennoch sind es nur wenige, die der Berufung Rechenschaft leisten. Das individuelle Werk will ein universelles sein und sowohl im Irdischen jene faszinierende Schönheit des edelmütigen weisheitsvollen Schaffens genießen, als auch durch seine Wahrheit, die im Verborgenen liegt, über den Makrokosmos und genau genommen über die Erzengel in die übrige Welt hinausgetragen werden. Wenn das Evangelium schreibt, dass viele berufen sind und nur wenige auserwählt, bedeutet dies, dass für jeden Menschen ein Werk gewollt ist, aber nur sehr wenige dieses mit der Wahrheit des universellen Geistes zur Manifestation bringen. Für ein wahres Werk jedoch interessieren sich die Erzengel und wollen es weit in die Welt hinausstrahlen.

IV

Das Werk gibt dem Gärtner seine Berechtigung, seine Seinsexistenz und seine Freude, es öffnet ihm Vergleiche zu seiner Arbeit, es gibt ihm Ansporn, inspiriert ihn zu neuen Überlegungen und tieferen Erfahrungen. Der Gärtner will nicht nur die Früchte für sich selbst ernten, er will die Natur veredeln und seinen Mitmenschen die Ernte übergeben, er will auch der Natur sein

Leben opfern und zurückgeben. Die Freude ist deshalb nicht einseitig und begrenzt, wie diese wäre, wenn der Gärtner nur seine persönlichen Wünsche und Triebe zufriedenstellen würde.[2] Sie ist deshalb edelmütig und groß, da der Garten zum ästhetischen Beispiel der Naturliebe inspiriert und darüber hinaus eine Verbindung unter den Menschen ermöglicht. Der Mikrokosmos des Gartens besitzt seine Wahrheit im Geiste und dort lebt er im geheimnisvollen Feuer des Gedankens. Dieses Feuer entzündet der Erzengel und trägt es hinaus in die Welt. Die Ernte will im Menschsein geteilt werden und die Sinne und natürlichen Bedürfnisse wollen am Licht, das aus einer größeren weiten kosmischen Sphäre entspringt, partizipieren.

V

Der Satz, dass die Arbeit des Gärtners das lebendige Wort sei,[3] besitzt eine tiefgreifende spirituelle Bedeutung. Woher, aus welcher Region entspringt die Motivationskraft des Gärtners, der unaufhörlich bei jedem Wetter sein ihm vertraut gewordenes Territorium pflegt?[4] Er könnte in die Natur hinausgehen und die Beeren vom Walde pflücken, denn er müsste nicht unbedingt eine eigene Kultivierung vornehmen. Aber die Natur will den Menschen und seine beste Phantasie zur Veredelung aufnehmen. Die Geister der Natur warten auf die erlösende Gedankenkraft des Menschen. Nun, in der Weisheit der Wahrnehmung seines Gegenübers, wendet der beginnende Gärtner seine Ideenkraft an und überlegt, wie er die Samen gezielt säen kann, wie er Felder und ertragreiche Pflanzungen anlegt und der Welt eine Gabe verleiht. Je edler und reiner seine Motive für die Entwicklung des Gartens sind, desto schöner und gesünder werden seine Beete gedeihen. Das lebendige Wort ist nicht zu verwechseln mit einem lapidaren äußeren Ausdruck. Es ist die edelste und beste Idee, die von dem Gärtner zur integrativen Gestaltung des Lebens koaguliert. Geist lebt in diesem Vorgang der Ideenerkraftung, die zur lebendigen Verwirklichung drängt. So wie der Gärtner Samen in die Erde sät, damit diese zu Pflanzen gedeihen, so leben in der geistigen Verwirklichung die höchsten Ideen, die sich durch die werkschaffende Tätigkeit zur irdischen Manifestation hinwenden. Das lebendige Wort besitzt eine sehr hohe Kraft. Würde diese geistige Dimension im Menschsein fehlen oder würden viele Menschen diese urbildliche Kraft der Schöpfung verdunkeln, müssten große Trennungen zwischen der Natur und dem menschlichen Dasein entstehen. Das Antlitz der Erde zeigt sich dann nicht in schönen Gärten, sondern in vielen hässlichen Erscheinungen, Wucherungen und ungesunden Belastungen. Das lebendige Wort beschreibt die unmittelbarste geistige Dimension, die jedem Menschen zugänglich ist.

VI

Die persönliche Beziehung zu den Dimensionen des Geistes, die in der Summe mit dem lebendigen Wort beschrieben sind, gründet sich auf der Erfahrung, dass das menschliche Dasein hohe und höchste Errungenschaften, Tugenden und eine reine Liebeskraft hervorbringen will. Wenn sich eine Person im Yoga der sogenannten Selbstverwirklichung hingibt, überschreitet sie die Grenzen des Selbst und beginnt, dem Geiste gemäß zu schaffen und erschaffen. Das Werk, das diese Person erschafft, offenbart die innerste Natur seines Schöpfers und es wird nun verständlich, wenn das Evangelium schreibt, dass man den Menschen an seinen Werken erkennen wird. So wie aus einem guten Baum keine schlechten Früchte hervorgehen, im gleichen Maße kann aus einer intensiven wahrheitsvollen Motivation des Menschen kein schlechtes Werk hervorgehen.[5]

VII

Für mich ist jene Wahrheit eindeutig und immer gegenwärtig, das ist die Unterscheidung zwischen einer unmittelbaren Wirkung des Menschseins und einer mittelbaren, gebräuchlichen Wirkung eines Instrumentes. Der Einzelne kann durch die Bewusstwerdung des Geistes und seiner schöpferischen Dimension zur Heilkraft selbst werden und seine eigene Ausstrahlung gewinnt Unmittelbarkeit und Freude. Er muss sich aus diesem Grunde nicht den instrumentalen Wegen eines Heilmittels hingeben. Obwohl es viele notwendige Heilmittel, Instrumente, Werkzeuge und Gebrauchsgegenstände gibt, so ist es dennoch der Mensch durch seine erlangte Geistigkeit, der der Materie die Berechtigung, das Lebendig-Sein und die Schönheit verleiht. Diese Wahrheit ist für mich immer gültig und deshalb ist mein Wort mit einer persönlichen Kraft aufgeladen und es äußert sich, wie ich es spreche und wie ich es in Beziehung zu meinen Mitmenschen führe, in fein verströmender Liebe. Das Zentrum meiner Worte enthebt sich aus der Materie und aus allen utilitaristischen Umgangsformen, denn sie richten sich an die erbauenden Kräfte des Menschen und wollen jedem, dem ich begegne, ein Bewusstsein für seine inneliegende geistige Fertilität eröffnen. Meine Worte sprengen deshalb die engen Ketten des Materialismus und der so vielen utilitaristischen Gewohnheiten. Wer mir begegnet, erlebt, dass es ein Selbst im Sinne einer geistigen Entität gibt und dieses zum Gärtner oder, anders ausgedrückt, zur werkschaffenden und edlen Tätigkeit gelangen kann.

VIII

Das Ziel meiner Lehrtätigkeit im Sinne des Yoga und der Meditation war es nie, eine neue religiöse Bewegung mit Lehrkonzepten und festgelegten Gruppierungen zu manifestieren. Obwohl es unendlich viele Beschreibungen über geistige Wirklichkeiten, religiöse Bilder und Zusammenhänge in vergleichenden Darlegungen gibt, so richtet sich meine Person dennoch unmittelbar an das Zentrum der Schöpferkraft im Anderen. Dieses Anliegen lebt in allen geschriebenen und gesprochenen Worten. Eine Lehre mit spirituellen Inhalten muss innerhalb der menschlichen Zeitenumstände und Beziehungsverhältnisse flexibel bleiben, denn wenn sie diese Flexibilität verliert, nimmt sie allzu leicht eine totalitäre Position ein. Was oder welche Dimension lebt in einer wahrheitsgetreuen Aussage? Eine geistig wahre Wirklichkeit lebt hinter jeder Erscheinung als fundamentales Geheimnis, aber sie lebt hinter der Erscheinung und somit hinter dem Körper. Es ist das Mysterium des Wirklichen in der *māya*, in der vergänglichen Welt. Wenn diese Wirklichkeit erschaut wird, sprengt sie immer die Ketten von einer Glaubenslehre, denn sie wird unmittelbar zur Erkenntnis, zum Wissen und zum Selbst des Menschen. Keine äußere Lehre mit Postulaten, Regeln und Bekenntnissen will ich deshalb durch mein Wirken in der Welt zum Entstehen bringen, sondern ich möchte viele Personen in ihren unmittelbarsten Erkenntniserfahrungen anregen und diese zu Gärtnern machen, damit sie aufgrund ihres eigenen lebendig gewordenen Wortes einen ästhetischen und inspirierenden Garten für ihre Mitmenschen und für die Welt errichten. Es ist deshalb die Auferstehung des christlich-geistigen Potentials, das mich in meiner Arbeit bewegt und das weniger auf einer Lehrformel, sondern mehr auf einem unmittelbaren, persönlichen Wirken innerhalb der gewählten Beziehungsebene zu anderen Menschen stattfindet.

IX

Die sinnliche Welt offenbart den Ausdruck des Übersinnlichen. Das Mysterium des Geistes ruht verborgen in allen Erscheinungen, es ruht in personaler Form im Menschen und in apersonaler Form in der Natur. Die Entdeckung des christlich-geistigen Geheimnisses, das die freie Schöpferkraft des Menschen repräsentiert und, wenn man es klar ausdrückt, das der Christus selbst ist und das dieser Christus in jedem Menschen erweckt, in seinem Ätherleib, führt zu einer Freiheit gegenüber der Vergangenheit.[6] Wenn, um im Bilde zu bleiben, der Hagel die Pflanzen des Gartens zerstört hat, beginnt der Gärtner erneut mit seinem Tageswerk und vielleicht gelingt es ihm trotz des

Schadens, eine nächste und höhere Form der Pflanzen zu kultivieren. Der Mensch besitzt in sich die freie Schöpferkraft und diese kann sich auf edle Wege, trotz mancher unangenehmer Gefühle der Vergangenheit, bewegen.

X

Die Lehren nehmen ihren Lauf, und dies nachdem ihr Begründer oder Inspirator verstorben ist. Jedoch teilen sich nahezu immer die Verhältnisse zwischen dem ursprünglichen Lehrer und seinem hinterlassenen Erbe. In der Sivananda-Bewegung und in den Schulen, die in diesem indischen Meister ihr großes Vorbild sehen, müsste man annehmen, dass die Seele von Sivananda und ihre Kapazität weiter existieren. Wo befindet sich die Seele von Rudolf Steiner heute? Wirkt sie im Goetheanum und in anthroposophischen Einrichtungen tatsächlich weiter oder nimmt sie andere Wege, die nächste Entwicklungsstufen des menschlichen Daseins gewinnen? Nach dem Tode suchen sich diese großen Seelen eine Aufgabe, die sie jedoch in ihren eigenen, von ihnen geschaffenen Lehrgebäuden nicht absolvieren können. Man sagt oftmals sehr leichtfertig, dass diese großen Seelen, die mit dem Geist authentisch verbunden sind, in besonderen Inkarnationen in der Zukunft wiederkehren und sie einen großen Segen für die Menschheit spenden. Diese Vorstellung über die Reinkarnationslehre ist aber nur sehr einseitig und noch nicht ganz richtig. Die Seele beispielsweise von Sathya Sai Baba lebt heute ausstrahlend an jenen Orten und bei jenen Personen weiter, die eine große Liebe zur Natur, zum biologischen Anbau von Gemüse und Getreide haben und deshalb gewinnt die allgemeine Naturkostszene einen wachsenden Aufstieg und eine faszinierende gesundheitliche und ästhetische Steigerung.[7] Die Seele von Sivananda lebt hingegen heute zu einem kleinen Grade in allen fortschrittlichen und ästhetischen Baukünsten weiter und sie wird einmal in der Medizin eine große Bedeutung haben. Menschen werden durch die Entfaltung ihres Bewegungslebens jene großen Kräfte von Heilung erleben, denn die Seele des Lehrers Sivananda wirkt heute universal, unabhängig von Ashrams und Yogabewegungen. Eine ganz neue Medizin zur Bewegungsaktivierung in heilsamer Dimension wird entstehen.

XI

Des Weiteren kann man sich fragen, ob Rudolf Steiner, wenn er heute in eine anthroposophische Einrichtung gehen würde, nicht der Gefahr unterliegen müsste, von dieser ausgeschlossen zu werden? Der Begründer der Anthroposophie wird in den schönsten und edelsten Künsten mit seiner Seele erstrahlen, aber er wird nicht wiedergeboren werden. Die einzelnen Lehrgebäude entfremden sich und nicht selten werden sie sogar Oppositionen zum Geistigen. Die Seele von Rudolf Steiner bleibt nicht auf Anthroposophie beschränkt. Ganz besonders und groteskerweise wirkt sie in die edelsten Arten der Asanapraxis hinein. Die Lehre der Reinkarnation darf nicht zu sehr auf ein reines personales Kommen und Gehen im Sinne von besonderen Einzelindividuen gesehen werden. Die verwirklichten Gedanken von Menschen, die ganz zu Seele geworden sind, die die tiefsten Motivationen nach universaler Wahrheit darlegen, wollen sich über ein größeres Ganzes erstrecken und so leben so manche großen Seelen im Sinne einer geistigen Kraftsphäre über verschiedene Zonen und Völker weiter und leisten einen Aufstieg der Kultur.

Die Lehren, die durch ihren Begründer authentisch sind, gewinnen mit der Zeit jedoch eine Entfremdung und äußern bald eine sehr große Relativität und Vergänglichkeit. Die Seelen jedoch, die diese Lehren begründet haben oder diese Lehren neu inspirieren, nehmen geheimnisvolle Wege und wollen universale Werte in der Menschheit auf breiter Ebene fördern. Sie bleiben nicht mehr in ihren eigenen, von ihnen geschaffenen Lehrgebäuden.

---

1) Fehlt die Universalität der menschlichen Ziele und lebt der Einzelne vorwiegend nach seinen egozentrischen Ambitionen, kann er eventuell aus dem individuellen Dasein eine große Kraft ausstrahlen, die jedoch lediglich vital und einseitig an den Körper gebunden ist. Das wahre Licht, das das Bewusstsein oder anders ausgedrückt den Astralleib beseelt, fehlt, und derjenige, der sich zu sehr in den irdischen Anhaftungen bewegt, nimmt sogar das kosmisch-geistige Licht in seiner Umgebung hinweg. Er ist gewissermaßen lediglich Konsument und verschattet den Garten.

2) siehe S. 163

3) Joh 1, 1-4: „Am Anfang war das Wort, und das Wort war bei Gott, und das Wort war Gott. Dieses war im Anfang bei Gott. Alles wurde durch dasselbe, und ohne dasselbe wurde auch nicht eines, das geworden ist. In ihm war Leben, und das Leben war das Licht der Menschen."

4) Viele Personen sprechen heute eine nur sehr wenig verstandene Begrifflichkeit aus: Sie fühlen sich geistig geführt. Die geistige Führung des Menschen entsteht dann, wenn ein universales und ein individuelles Streben nahe zusammenkommen. Die geistige Führung gewinnt ihre schönste Form durch den Erzengel. Dieser aber führt den Menschen nur dann, wenn die Motive rein im Streben zum Geiste sind oder wenn bereits ein geistiger Inhalt in seiner wahren Wirklichkeit im Menschen lebt. Im Allgemeinen

können jedoch in abgeschwächter Form verstorbene Menschen durch ihre entwickelte Charakterlichkeit Hinterbliebene schützen und für gute Wege motivieren.

5) Mt 7,15-20: „Hütet Euch aber vor falschen Propheten, die in Schafskleidern zu euch kommen, inwendig aber sind sie reißende Wölfe. An ihren Früchten werdet ihr sie erkennen. Liest man etwa von Dornen eine Traube oder von Disteln Feigen? So bringt jeder gute Baum gute Früchte, aber der faule Baum bringt schlechte Früchte. Ein guter Baum kann nicht schlechte Früchte bringen, noch ein fauler Baum gute Früchte. Jeder Baum der nicht gute Frucht bringt, wird abgehauen und ins Feuer geworfen. Deshalb, an ihren Früchten werdet ihr sie erkennen."

6) Der Christus ist nach dieser hier vorgelegten Darstellung im Menschen sowohl immanent als auch übersteigend, also transzendent. Praktisch gesehen bedeutet diese Aussage, dass die christliche Dimension über dem Menschen und im Menschen waltet und es deshalb keinen Vermittler über die Kirche bräuchte, damit diese geistige Wirklichkeit Teil des Individuums wird. Es ist bereits im Menschen gegeben, dennoch aber müssen geistige Erkenntnisse durch bewusste Entwicklungsarbeit getätigt werden, damit der innerste Keim in der Erde und im Menschen zur Entfaltung kommen kann. Pflegt jemand über längere Zeit keine geistigen Studien und bemüht er sich nicht um Wahrheit und Spiritualität, verkümmert der innerste Keim im Inneren. Aus diesem Grunde darf die Immanenz des Christus nicht leichtfertig definiert sein. Der Einzelne benötigt einen gewissen christlich-geistigen Zufluss über ständig waltende und werdende Ätherkräfte.

7) Der im Jahre 2011 verstorbene Sathya Sai Baba, der in Puttaparthi Millionen von Menschen empfing und segnete, wirkt heute im Nachtodlichen weiter; aber er wirkt im Nachtodlichen, nicht wie es viele in ihren esoterischen Gefühlen selbst projizieren oder wie es manche wie eine Art Medienbotschaft aufnehmen, er wirkt vielmehr in der gesamten Menschheit wie eine solide Kraftquelle, damit der Einzelne nicht in die Versuchung gerät, vor der Welt zu fliehen, sondern die Erde, die Mitmenschen und die vielen schönen wie auch widersprüchlichen Phänomene liebt. Die Hinwendung zur Erde und zu all ihren Erscheinungsformen fördert die große Seele von Sathya Sai Baba. Sie trägt ebenfalls ein christliches Geheimnis in die Weltenschöpfung hinein, denn jene, die intensive Gefühle für ihre Mitmenschen und für die Naturbedingungen hervorbringen, verbinden sich mit diesem ehemaligen indischen Geist. Dort wo Tierliebe, Naturliebe und biologische Anbauweisen leben, atmet die Seele von Sathya Sai Baba. Aus diesem Grunde steigert sich die Sehnsucht des Menschen nach natürlichem Leben. Nicht dort, wo viele Anhänger der Sathya Sai Baba Bewegung ihren Lehrer suchen, ist er, er ist vielmehr in das Innere der Weltenschöpfung eingegangen. Seine Seele ist nicht in seinen eigenen Bewegungen, beispielsweise in einer Sai-Bewegung, sondern sie ist weltweit und generiert viele edle Formen der Natur-, Tier- und einfachen Menschenliebe.

Die Entzweiung

I

Die Entzweiung, Mt 10, 34-39:

„Meint nicht, dass ich gekommen sei, Frieden auf die Erde zu bringen; ich bin nicht gekommen, Frieden zu bringen, sondern das Schwert. Denn ich bin gekommen, den Menschen zu entzweien mit seinem Vater und die Tochter mit ihrer Mutter und die Schwiegertochter mit ihrer Schwiegermutter; und des Menschen Feinde (werden) seine eigenen Hausgenossen (sein). Wer Vater oder Mutter mehr liebt als mich, ist meiner nicht würdig; und wer Sohn oder Tochter mehr liebt als mich, ist meiner nicht würdig; und wer nicht sein Kreuz aufnimmt und mir nachfolgt, ist meiner nicht würdig. Wer sein Leben findet, wird es verlieren, und wer sein Leben verliert um meinetwillen, wird es finden."

Die Entzweiung ist in Wirklichkeit nicht vergleichbar mit einer schwerwiegende Spaltung, wie sie häufig in Konfliktsituationen entsteht, sie ist vielmehr eine fast notwendige Konsequenz der menschlichen Selbstbestimmung und ihres ganz natürlichen inneliegenden logischen Verlaufes.[1] Wenn eine wahre Spiritualität durch einen Menschen, der ausreichend in einer geistigen Wirklichkeit gegründet ist, in der Welt erscheint, wird diese nicht als Banalität erlebt, sondern regelrecht wie eine Art Bedrohung. Sowohl die Aussagen, die spirituell wahr sind, als auch die Person, die diese tätigt, stellen eine große Herausforderung für die Entwicklung dar und sie werden niemals als geringfügig oder relativ erlebt. Spiritualität, durch einen Menschen verkörpert, entzündet tatsächlich ein Umkreisfeuer bei den Mitmenschen und Zuspruch oder Verdammung müssen als unweigerliche Folge eintreten.

II

Die Aussage des Evangeliums nach Matthäus lautet, dass all jene, die ihren Vater oder die Mutter mehr lieben als den Christus, seiner nicht würdig sind oder, anders ausgedrückt, sie sind im Sinne einer geistigen Betrachtung wie gebunden und können keine aufsteigende Entwicklung gewinnen. Der Leser könnte nun dem Fehler verfallen und eine Abkehr von Vater und Mutter vorschnell und auf künstliche Weise erzwingen, damit er einen geistigen Aufstieg im Sinne des christlichen Geisteslebens erreicht. Welche Bedeutung aber liegt in diesen Evangelienworten und in dem Ausdruck des Liebens?

Man könnte vermuten, dass derjenige, der dem Christus näher kommen möchte, geradezu seinen Vater und seine Mutter ablehnen oder, wie es in einer Passage des Lukasevangeliums heißt, hassen müsste.[2] Was bedeutet das Wort „lieben" in diesem Kontext der Stelle des Evangeliums?

Würde man es auf einfachere Weise ersetzen und das Wort Liebe nicht zu sehr betonen, so könnte man beispielsweise sagen, dass das menschliche Bewusstsein seine Zielrichtung und seine Gefühle frei platzieren kann. Wo befindet sich die Mitte des Menschen, in den Gefühlsbindungen zu den Eltern, zu den Kindern oder liegt sie in den Möglichkeiten der geistigen Entwicklung? Vergießt der einzelne Mensch nur dann Tränen, wenn seine allernächsten Blutsverwandten leiden oder ist er betroffen, wenn die gesamte Menschheit Schaden erleidet und in schicksalsträchtige Abgründe stürzt? Das Herz des Menschen kann sich eng an die persönliche Sphäre von Verwandten binden und die Empfindungsqualität von Liebe außerordentlich klein und sogar egoistisch ansetzen. Würdig ist deshalb jener Mensch, der diesen kleinlichen Horizont der persönlichen Bindungen überschreitet und seine Lebensaufgabe und Lebensperspektive in einem großen Menschheitsideal sieht und zu realisieren wagt. Die Mitte des Menschen gewinnt erst in der vollen Würde des christlichen Geistlebens ihre wahre Bedeutung und aus diesem Grunde dürfen die Verwandtschaftsverhältnisse keine allzu große Bedeutung einnehmen.

III

Eine Zurückweisung eines sinnvoll wartenden Entwicklungsschrittes führt in der Folge zu einem bindenden Anhaften an die Mitmenschen und zu kompensatorisch materialistischen Neigungen. Der unbewusste und sogar der bewusste Anteil der Psyche nimmt eine Störung und eine Art Stauung an. Es wird das psychische Leben des Menschen wie eine Pflanze, die zu lange unter Wolkenbildungen und Regen bleibt, die Sonne vermisst und deshalb auf unangenehme Weise zu wuchern beginnt. Der Astralleib, der aus Bewusstsein und Unbewusstheit besteht, ist auf individuelle Weise gefärbt. Diese Störung betrifft jedoch nicht nur das Individuum, sie strömt hinaus in den Kosmos und beginnt die Sterne, den makrokosmischen Astralleib, stetig negativ aufzuladen. Das Verhalten des Menschen betrifft Himmel und Erde gleichermaßen.

IV

Der eigenartige Satz des Evangeliums, der besagt, dass die Feinde nun die Hausgenossen des Menschen sein werden, drückt nahezu wörtlich und wie bildlich die Wirklichkeit der sogenannten Bindungen an persönliche Verhältnisse aus. Grundsätzlich bilden die Entwicklungsperspektiven, die eine menschliche Seele erleben und erfahren kann, die Welt der Verbindung, des Glücks und der Freundschaftlichkeit aus, während genau die Abhängigkeiten, die allerdings häufig den größten Raum der Aufmerksamkeit und des Gefühls einnehmen, die Feinde sind. Wer nun eine spirituelle Dimension durch einen Menschen erlebt und sich nicht zu einer aufsteigenden und sinngemäßen Entwicklung bewegt, diese Quelle vielleicht verleugnet oder aus allen Bekenntnissen streicht, nimmt seine Feinde als Hausgenossen. Er bindet sich von nun an stärker an die Wirklichkeit seines engen und begrenzten genetischen Umfeldes. Vielleicht mag er die Liebe zur Tochter oder zum Sohn, zum Vater oder der Mutter oder auch zu anderen, mit besonderem Eifer darlegen und sich auf diese Weise als der Gute und Liebende bezeichnen. In der Wirklichkeit seiner Seele aber trägt er Spaltungen durch seine Unzufriedenheit gegenüber der Entwicklung in die Welt hinaus und lebt mit seinen Feinden im Sinne von Hausgenossen, da er sich in wachsende Abhängigkeiten begibt. Jede Zurückweisung einer Entwicklung führt unweigerlich auf kompensatorische Weise zu einer Steigerung der Bindungen und die einzelne Seele fühlt sich vielleicht innerhalb des irdischen Daseins sicher, sie lebt aber genau genommen in einer Wirklichkeit, die jeder Entwicklung feindselig ist. Wer deshalb Spiritualität bei jenen anspricht, die sehr stark in Bindungen verhaftet sind, erlebt Gehässigkeit, Aggression und eine völlig unverständliche Abwehrhaltung. Die Liebe in ihrer vermeintlichen Ausprägung gilt nicht einer größeren Mitte, sondern einem kleinen, weltlichen, aber geistig gesehen feindseligen Kreis.

V

Die verschiedensten Schüler können sich eventuell am Anfang für den Yoga, seine Inhalte und für die Art und Weise, wie ich diese referiere, begeistern und sie sehen für ihr spirituelles Vorwärtskommen eine große Perspektive. Wie aber reagieren die Verwandten, die nahestehenden Väter und Mütter, die Kinder und vielleicht Enkelkinder auf die neue Herausforderung? Jede Entwicklung, die in einem menschlichen Bewusstsein zutage tritt, stellt für das allgemeine menschliche Zusammenwirken in einer Familie oder in einem Freundschaftsbündnis eine nicht unbeträchtliche Herausforderung dar.

Die Entzweiung tritt deshalb sehr häufig in Familien oder Freundschaftskreisen auf, wenn eine Person auf ernsthafte Weise eine geistige Schulung beginnt und gewissermaßen mit ihren Anschauungen, Empfindungen und Lebensinhalten aus den konventionellen Drehkreisläufen wie emanzipiert heraustritt. In der Regel sagt man demjenigen, der sich weiterentwickelt, dass er von einem Meister, von einem Guru oder allgemein von einer Sekte verführt sei und nun das schöne und gute alte Leben negiere. Es mögen Verneinungen gegenüber traditionellen und allerlei unbewusst gehaltenen Regeln, die in einer Familie oder in einem Gesellschaftszusammenhang bestehen, tatsächlich bei einem Geistschüler auftreten. Häufiger aber besteht jener Zusammenhang, dass die Verneinung von Seiten der sogenannten Freunde, Verwandten, Mütter, Väter und Großväter wie eine Schutzreaktion eintritt und diese mit den emanzipierten und neuen Wahrnehmungen, die die Spiritualität bringt, nicht umgehen können. Häufig entstehen regelrecht aggressive Gefühle, gleichsam wie wenn eine Frau, die lange Jahre unterdrückt war, den Status einer Emanzipation annimmt.

Nicht selten sind es Personen, die eine Zeit lang eine geistige Schulung absolvieren und scheinbar ihre Mitte zu einer größeren Perspektive verlagert haben, die wenig Sorgfalt und Klarheit für die Konsequenzen des Weges erworben haben und nun ebenfalls in eine bedrängende Konfliktsituation geraten. Sie müssten ab einem bestimmten Punkt der Schulung Bindungen und Abhängigkeiten konsequent aufgeben und nächste Entwicklungsschritte zu einer größeren Freiheit eingehen. Sie beginnen die Spiritualität plötzlich zu leugnen und manchmal sogar zu verleumden und klammern sich eng an persönliche Verhältnisse. Die Aggressivität von Personen, bei denen ein Entwicklungsschritt dringend anstände, kann erstaunliche Wellenschläge produzieren und mit lautem Getöse in eine Brandung schlagen. Diese Personen nehmen nicht nur die Feinde zu Hausgenossen, sondern sie wirken wie Bollwerke, die die Liebe für sich fixieren und die geistige Realität heftig zurückschleudern. Die Entzweiung, die trennenden Gefühle und die oftmals so dogmatischen Beschwichtigungen, die nach außen ausstrahlen, sind sehr schwerwiegend und müssten durch eine solide Schulung korrigiert werden. Das eigene Ego, das sich in Bindungen und Reserveverhalten an weltliche Emotionen und Gefühle haftet, müsste durch eine größere Wirklichkeit, die zur Mitte sich formieren möchte und die eine christliche Geistigkeit darstellt, überwunden werden.

VI

Die Entzweiung entsteht aber nicht durch die geistige Wirklichkeit, denn diese ist freundschaftlich, feurig und einigend. Das Schwert, das der Christus bringt, ist lediglich eine Folge des unmittelbaren, wirkenden Geistlebens. Der, der sich mit einer spirituellen Person auseinandersetzt und in eine aktive Begegnung mit dieser tritt, erlebt in seiner Seele, dass er seine Gefühle nicht wirklich auf kleine und weltliche Verhältnisse richten kann und er eine größere verantwortlichere Aufgabe für die menschliche gesamte Entwicklung antreten müsste. Die Entzweiung entsteht deshalb tatsächlich nicht durch eine im Geiste wirkende Person, die neue ätherische Kräfte für die Welt verfügbar macht, sondern sie entsteht durch die Bindungen. Jene Menschen, die in ihren kleinlichen Verhältnissen haften bleiben, bewirken eine tatsächliche Spaltungstendenz in der Gesellschaft. Sie bleiben den bisherigen, genetischen Bedingungen treu und weisen die hohe Transformationskraft, die im Geiste liegt, zurück. Durch diese Entzweiung bewirken sie im Allgemeinen eine wachsende Tendenz des Materialismus und sie leben in einer äußeren Sicherheit, ohne wirkliches Wahrnehmen zu den höheren Welten.

Eine spirituelle Schule strebt nach realen Verbindungen und möchte niemals Menschen voneinander trennen oder gar regelrechte Spaltungsprozesse im Miteinander verursachen. Die geistige Dimension jedoch ist eine Wirklichkeit und je mehr sie über einen Menschen zum Ausdruck kommt, desto mehr möchte sie die ohnehin bereits übersättigten Gefühle des menschlichen Miteinanders zu einer wirklichen Verantwortlichkeit und Verbindung anheben. Spiritualität verbindet und es ist der Christus, der immerfort verbindet. Die unwissende Zurückweisung des Geistes aber führt zu jenem großen Einbruch, der unweigerlich Ketten von Spaltungen und Entzweiungen freisetzt und sich dennoch mit den Gefühlen des vermeintlich guten und schönen Miteinanders schmückt.

VII

Der Vorwurf, der vor allem von kirchenähnlichen Denkstrukturen ausgeht und besagt, dass meine Person trennend auf die Gesellschaft, auf Familien und Beziehung wirkt, ist bei genauer Prüfung der bestehenden und entstehenden Beziehungsverhältnisse nicht richtig. Mein Anliegen ist die Verbindung unter Menschen und diese beschreibt in ihrer tiefen, festen Klarheit eine innere Dimension, die der seelischen und geistigen Wirklichkeit entspricht. Nach dem Tode bleiben alle wahren Verbindungen in einer Seele bestehen, während alle Bindungen mit ihrem unruhigen und einseitig emotionalen Charakter einen trennenden Wall im nachtodlichen Leben errichten. Indem das bindende Bewusstsein meine Person so sehr zurückweist, vergräbt es sich förmlich in Ambitionen von Abhängigkeiten und verliert die Schönheit des geistigen Entwicklungszustromes. Obwohl viele Menschen in der Welt, die Bindungen pflegen, sehr erfolgreich sein können, tragen sie in Wirklichkeit die „Hausgenossen"[3] der Spaltungen und sie werden im Nachtodlichen keine freudigen Verbindungen, sondern trennende Spaltungen erleben. Jede Wirklichkeit von Anhaftung und kompensatorischer Abhängigkeit, von Projektion und emotionaler Fixierung, trägt den abschirmenden Seelenwall des Spaltens und Trennens in sich und kann deshalb nur zu weiteren Hemmungen und Entzweiungen führen.

Die Entzweiung entsteht niemals aus einer geistigen Entwicklung, sondern aus den Anhaftungen zu überflüssig werdenden Erdenstimmungen. Die Gefühle und Emotionen, die zu stark betont werden, entstehen aus dem Körper und diese unterliegen den niederen Anteilen des Astralleibes. Sie bewirken die Entzweiungen. Sie sind jene Wesen, die auf metaphysische Weise sichtbar sind und in der Weltenschöpfung ein leidvolles Dasein führen.

---

1) siehe S. 164

2) Lk 14,25-27: „Es ging aber eine große Volksmenge mit ihm; und er wandte sich um und sprach zu ihnen: Wenn jemand zu mir kommt und hasst nicht seinen Vater und seine Mutter und seine Frau und seine Kinder und seine Brüder und Schwestern, dazu aber auch sein eigenes Leben, so kann er nicht mein Jünger sein; und wer nicht sein Kreuz trägt und mir nachkommt, kann nicht mein Jünger sein."

3) Die Hausgenossen sind ebenfalls mit dem Wort Wesen zu übersetzen. In der indischen Philosophie heißen sie *bhūtāni*. Im Sinne von bindungsvollen Wesen gehören sie zu den niedrigen Trieben des Astralleibes.

Die Energie

I

Einerseits ist Energie eine physikalische Größe, die durch entsprechende Verbrennungsprozesse in Form von Joule oder Kalorien gemessen werden kann und andererseits ist sie eine Dimension mit unbeschreiblichem Charakter, die, wie Teilhard de Chardin aussagt, die Liebe des Kosmos oder Universums darstellt.[1] Es ist die Energie zum Leben, die über der Materie thront. Sie kann lösen, sie kann erbauen, sie kann bewegen, sie kann festigen. Sie kann erwecken, sie kann beschließen, sie kann sammeln, sie kann dispersieren. In ihrem Zentrum befindet sich der Geist oder der Gedanke, der nicht von der Erde kommt, sondern der die Erde belebt, aber frei von dieser wirkt.

II

Der Yoga, wie er von mir begründet ist, im Sinne einer neuen Yogaempfindung, beginnt in Gedanken, im Zentrum des Seins, er bewegt sich in ätherischen Strömen der sich entfaltenden erdlosgelösten Kräfte und erobert den Körper, transformiert diesen, bis er selbst zu einem lichteren Ausdruck wird. Die Energien des Körpers, die aus diesem freigesetzt werden, nehmen eine sekundäre Rolle an, denn es ist die bewusste und schöpferische Aktivität des Einzelnen, relativ unabhängig vom Körper, die jene unsagbare bleibende Dimension des Daseins darstellt. Meine Aufmerksamkeit im Yoga richtet sich nicht ausschließlich auf die äußere Methodik, sondern mehr auf die innere Bewegtheit der Seele und so achte ich mit Feingefühl darauf, wie der Teilnehmer den Gedanken belebt und mit der Fertigkeit des Sehens, Wahrnehmens und Gestaltens innerhalb eines größeren Ganzen erzeugt. Ich schaue auf das Lebendige und Bleibende und nicht auf das Tote und Vergängliche.

Das Tote ist im wahrsten Sinne der Körper und all jene Kräfte, die in ihm aufgespeichert sind oder in diesem passiv akkumuliert werden. Das Wort des Evangeliums, dass man die Toten die Toten begraben lassen soll, bezieht sich auf alle Genetik und alles aufgespeicherte Hab und Gut im physischen Körper, während das Leben die große Spannweite der Entwicklung, die durch den Gedanken möglich ist, repräsentiert.

III

In den verschiedenen Yogadisziplinen spricht man allgemein von der sogenannten *prāṇa*-Energie, die in verschiedene differenzierte Ausdrucksformen eingeteilt ist. Es gibt ein *vyāna-vāyu* oder ein *apāna*, ein *samāna* oder auch ein *udāna*.[2] Des Weiteren existiert die sogenannte *kuṇḍalinī-Kraft, kuṇḍalinī-śakti,* die eine sehr hohe intensive Energieform darstellt, die zentriert im Wirbelkanal aufsteigt und sich regelrecht feurig entfalten kann. Alle Energien sind in Wirklichkeit kosmische Kräfte und das Geheimnis liegt in der Art und Weise, von welcher Blickrichtung diese *prāṇa*-Energien betrachtet werden. Gewöhnlich und ohne Schulung oder ohne genaue Kenntnis der Mysterien steigert der Yogapraktizierende durch die verschiedensten Techniken das Energieniveau in seinem Nervensystem und in den sogenannten *nāḍī*-Kanälen, den feinstofflichen Bahnen, die für den Fluss elektromagnetischer Anreicherung geeignet sind. Diese Wege sind heute vielen Menschen zugänglich geworden und können mehr oder minder Erfahrungen bewirken. Im Allgemeinen nimmt in allen Yogadisziplinen die Energie und deren Steigerung zu einem höheren Niveau eine große Rolle ein. Überwindet aber der so Praktizierende das Tote, das in ihm selbst mit genetischer Konsequenz und unbewusst kollektiver Steuerung aufgespeichert ist und erlebt er den freien Anteil dessen, was der Begriff Leben im höchsten und besten Sinne erfassen kann? Das Leben selbst will transformieren und erzeugen und frei in Reinheit durch sich selbst und sein eigenes Zentrum in Gedanken wirken können. Dies ist der Wille der Menschheit, dies ist mein Wille und es ist der Wille in der Schöpfung, der frei von Anhaftung bleibt. Der Begriff „Leben" bildet für sich selbst einen Inhalt und er ist Meditation. Dieses Leben ist wirklich. Es ist Ausdruck des Gedankens in selbstwirkender Dynamik.

IV

Wenn man die Begriffe „Leben" und „Tod" unterscheidet, gibt es zwei Arten von Energie oder allgemein und besser ausgedrückt, zwei verschiedene Bewegungsrichtungen, die im Menschsein eine Form der Energie einnehmen können. Die erstere und wesentlichste, die alles umfasst und erlöst, geht von den hohen Seinsdimensionen des Gedankens, vom Leben aus und mündet in die entsprechenden Ebenen des Bewusstseins (*mano-maya-kósa*), des gnostischen Empfindens (*vijñāna-maya-kósa*) oder des Willens (*ānanda-maya-kósa*) ein. Ein Weg von oben nach unten, von der Freiheit zur Bindung eröffnet sich und führt zur wachsenden Vergeistigung des Leibes. Die zweite Art Energie entspringt aus den körperlichen spürbaren Kräften, und obwohl sie in ihrer

Dynamik die Manifestation erreicht hat, trägt sie dennoch den Hauch des Unmanifestierten. Sie ernährt ebenfalls das Tote, den Körper.

Die zentrale Bewegungsrichtung der Energie entspringt aus einem größeren Ganzen, aus einem Kosmos oder All und erobert als subtile Kraft das menschliche Nervensystem und die Körperlichkeit. In der Tat ist es wie Teilhard de Chardin aussagt, die göttliche Liebe oder der Geist. Es ist im Zentrum die Existenz des Christus, die vergleichbar mit einem Gedanken ist. So wie der Gedanke eine reine geistige Lichtdimension besitzt und eine hohe Seinsexistenz darstellt, so ist der Christus mit den unterschiedlichsten Dimensionen der Gedankenrealität verbunden und wirkt von dieser ausgehend auf die Erdensphäre. Würde jemand den reinen Gedanken immer als Synonym für den Namen Christus nehmen, so würde er keinen Fehler begehen. Die Welt, in der die Ideen leben, wie sie Platon ausgedrückt hat, und die er als Realität bezeichnete, existiert durch Gedanken und in den sich weitenden Vorstellungen befindet sich auf verborgene Weise der Christus. Die Christusdimension spendet gleichzeitig die universale Energie auf der Erde und, wenn man in kleinen Wahrnehmungen dem Prolog des Johannesevangeliums folgt, so darf man durchaus sagen, dass alles durch dieses Wort geworden ist und ohne dieses wäre nicht eines, das geworden ist und *„In ihm war Leben und das Leben war das Licht der Menschen."* [3]

V

Jeder Gedanke, der in die Wahrnehmung des Menschseins hereintritt und ganz besonders, wenn er durch bewusste, moralische, hochwertige Entscheidung getragen ist, setzt eine Energie frei. Aber es ist nicht der Gedanke, der die Energie trägt oder der energetisch aufgeladen ist. Der Christus oder der Gedanke ist frei und repräsentiert den reinen Geist. Aus der Freiheit entspringen die höchsten Energien. Treten die Gedanken, die frei sind, in die Sphäre der Verwirklichung, in die Erde hinein und bemüht sich der Einzelne um hohe Ideale, Erkenntnisse und anspruchsvolle Werke, nimmt er an den Urebenen des Geistes teil und aus diesen heraus belebt sich sein Inneres mit den sogenannten Ätherkräften, den geheimnisvollen kosmischen Einströmungen von Chemie, Bewegung und Gestaltung. Die geistige Welt besitzt viele verschiedene Regionen und wenn die Initiative des Menschen nach einer angemessenen Verwirklichung strebt, fließen aus diesen Ebenen Ätherkräfte oder hohe Energieausstrahlungen dem menschlichen Herzen zu.

VI

Neben diesen Energien, die aus den zur Entwicklung drängenden Gedanken entflammen, existiert die etwas einfacher zu erfassende elektromagnetische Energie. Wer beispielsweise in einer Yogaübung den Körper ausdehnt, setzt verschiedene Kräfte frei, die durch Anstauung oder Einschnürungen bislang blockiert waren. Aus diesen Gründen fühlt sich der Praktizierende nach Absolvierung einiger Übungen leichter und im wahrsten Sinne energetisiert. Ein gesundes Fließen von elektromagnetischen Strömen wird im Körper durch eine angemessene Aktivitätsleistung freigesetzt. Diese spürbare Form der Energie besitzt den gleichen Ursprung wie diejenige des Gedankens. Der Unterschied zu dieser Energiefreisetzung jedoch ist jener, dass es sich vorwiegend um eine Freisetzung von schon vorhandenen und im Körper aufgespeicherten Kräften handelt und von diesem doch körpergeprägten Niveau auf das Bewusstsein hinüberstrahlt. Obwohl es im gesamten Kosmos nur eine Form oder eine Art Ausgang von Energie gibt, so ist dennoch das Niveau der verschiedensten Ausstrahlungen sehr unterschiedlich. Es existieren vollkommen freie Wirkungsdimensionen, die aus dem bewusst gewählten Gedanken entstehen und durch Konzentration zu einer Umsetzung kommen oder es gibt die mehr deutliche und fast nahezu ins Grobstoffliche eingehende Energieform, die vom Körper, seinen Verbrennungsprozessen und stoffwechselaktiven Bewegungen ausgeht.

Im gleichen Sinn könnte man sagen, dass ein Nahrungsmittel einen bestimmten Brennwert und verschiedene Stoffe beinhaltet und somit eine latente Energieform in sich trägt, die sich dann freisetzt, wenn sie im Verdauungssystem zum Verbrennen und Abbau gelangt. Die Wärme setzt deshalb die latenten aufgespeicherten Kraftpotentiale aus Stoffen frei. Wie verhält es sich aber mit dem Feuer- oder Wärmeelement selbst, das in sich die höchste und freieste Dimension aller Energie darstellt? Das Feuer darf aus diesen Gründen mit der hohen Kraft des Selbstes oder des Christusgeistes in Verbindung gebracht werden. Es ist die Energie, die den Kosmos und die Erde durchflutet. Derjenige, der durch den Gedanken die Kraft entfacht, bildet das Zentrum des energetischen Strahlens und derjenige, der empfängt, erlebt das Feld der Wirkungen. Es ist das Feinere, das Unmanifestierte, das das bereits Manifestierte und Gröbere erobert.

In den meisten Disziplinen des Yoga suchen die Praktizierenden eine Steigerung der elektromagnetischen Energien und wollen durch diese ihr persönliches Dasein veredeln. Ältere Schriften, wie es die Evangelien sind, sprechen das Wort Energie noch nicht aus, denn sie benützen in bildhafter übertragener Sprache die beiden so mysteriös klingenden Worte von Tod und Leben. Tatsächlich bilden Tod und Leben die großen Mysterien und die großen Wirkungspole der Schöpfung im Sinne eines großen freien Potentials und eines manifest gewordenen, gebundenen Daseins. Derjenige, der beispielsweise die enge Pforte, wie es in Matthäus heißt, passiert und den breiten Weg des äußeren sinnesgeplagten Daseins meidet, geht ein in das Leben.[4] Das Wort Leben beschreibt jene Kräfte, die sich im Ätherleib des Menschen im Sinne von erbauenden, gestaltbildenden Formen in freier bewusster Bewegung entwickeln und sowohl eine universale Bedeutung besitzen, als auch eine Ausstrahlung bis auf die Erde geben. Der Körper mit seinen Bedürfnissen aber nimmt nicht dieses Leben, sondern er erhält dieses Leben oder, anders ausgedrückt, er erreicht jene freie geistige Dimension, die eine über die sichtbare Welt unabhängige, sinnerfüllte und heilsame Strahlkraft besitzt. Das Leben beschreibt deshalb nicht das wohlbekannte angenehme sinnesverhaftete Dasein mit Gesundheit und äußeren glücklichen Gefühlen, sondern es repräsentiert in den Evangelienschriften jene souveräne und universale Kraft des geistigen Potentials, das der Mensch anwendet und auf sinngemäße Weise mit Vernunft und Moralität einbringt. Aus diesem Grunde heißt es beispielsweise im Johannesevangelium: *„Ich bin der Weg, die Wahrheit und das Leben."*[5]

VII

Wer nun eine Zeitlang bei mir in persönlicher Begegnung lernt, empfindet sehr bald die Relativität der menschlichen Bedürfnisse und der persönlich gebundenen Lebensprinzipien. Er spürt Tag für Tag, wie sein äußeres Leben mit all seinen Emotionen und Wichtigtuereien wie ein Schneemann, der in der Sonne steht, dahinschmilzt und ein neues, größeres Seinsprinzip in die Ahnung des Bewusstwerdens hereintritt. Jede Loslösung von Bindungen, Vorstellungsinhalten, die nicht mehr produktiv sind und auferlegten, intellektuell emotionalen Glaubensformeln entsprechen, gibt dem Menschen eine Grundlage, die sich in faszinierenden erquickenden Bewusstseinswahrnehmungen zeigt, die in der Gesamtsumme eine transzendierende und großartige Energie im Persönlichen entfachen. Durch die Loslösungen im richtigen Verhältnis von körpergebundenen und emotional geprägten Verhaltensformen und allgemein von Umständen, die der Entwicklung schädlich sind, steigert sich der Fluss von ätherischen Kräften, die zunächst mit ihrer Wärme- und Lichtdimension den Menschen auf neue Weise erreichen.

Die göttliche oder geistige Energie existiert in jedem Augenblick, jedoch bleibt sie frei vom menschlichen Verlangen. Jede geeignete Loslösung von Bindungsformen und Abhängigkeitsverhältnissen öffnet den Menschen zum geistigen Dasein und er kann für Momente das Leben im Sinne einer geistigen Schöpferkraft verspüren. Die Bindungen sind in diesem Sinne wie persönliche Schlackenbildungen, die sich im Körper anreichern und ein größeres, kosmisch geistiges Licht nicht erdulden. Die Freude des rechten vernünftigen Entsagens, ohne Kasteiung, sondern mehr durch den Mut zu edlen Zielen und Aktivitäten, lässt neue Ätherkräfte in das persönliche Leben hereindringen und der Mensch wird nicht nur freudiger, sondern kraftvoller.

VIII

„Die Energie ist in meinem Namen und sie ist dennoch in der Reinheit des Äthers gegründet. Ich nütze sie nicht für mich, sondern gebe sie nach außen. Ich gebe sie jenen, deren Namen bereits in mir gegründet sind. Ich gebe sie zu jenen, die mir gegeben sind. Das Leben ist mir gegeben, die Energie ist meine Natur, und da sie mein ist, wird sie wieder für das Leben sein. ‚So werdet Ihr alle empfangen, wie es mein Wunsch ist, dass Ihr empfanget.'"[6]

Diese Worte, die sowohl die persönliche Stellung als auch die überpersönliche des Gedankens oder Geistes beschreiben, werden nun leichter verständlich. Je mehr in meinem Unterricht ein universal gültiger Gedanke zu einer Ausarbeitung gelangt, desto mehr erlebt der Teilnehmer, dass ihm Ätherkräfte auf neue Weise zuströmen. Gleichzeitig fühlt er die Relativität seines bisherigen Selbstverständnisses und der körperlichen Umstände. Er kann nach einiger Zeit des Unterrichtes unwesentliche Fragmente seines Daseins zurücklassen und sich wesentlicheren und sinnerfüllteren Gedanken widmen. Wer beispielsweise tief in einem Gedanken gegründet ist, so tief, dass der Gedanke zum ganzen eigenen Wollen und zum Selbst geworden ist, drückt durch sich selbst nicht eine intellektuelle begrenzte Weisheit aus, sondern er verkörpert und repräsentiert mit seiner ganzen Person diese und sie ist für all jene verfügbar, die sich zu einer seelisch geistigen Entwicklung berufen fühlen. Gleichzeitig sind diese Gedanken immer verfügbar, gleich ob sie unterrichtet werden oder ob sie im Stillen in einer Meditation verbleiben, sie wirken auf die Äthersphäre der Umgebung und bereichern die Äther der Weltenschöpfung. Das Wort Leben, wie es im Evangelium gebraucht wird, ist aus einer Mitte wirksam, die keine Befestigung und Manifestation im Irdischen besitzt und gerade deshalb mit einer besonderen Strahlkraft und feinsten Intelligenz zur Wirksamkeit gelangt.

1) Der französische Anthropologe und Philosoph Pierre Teilhard de Chardin (1881 – 1955) spricht in seinem Hauptwerk, *Der Mensch im Kosmos*, von der Liebe als der universellsten kosmischen Energie. Er sieht diese nicht nur auf den Menschen bezogen, sondern auch in der geheimnisvollen Anziehung, die ein Wesen auf ein anderes ausübt. Für ihn ist die Erscheinung der Liebe auf der höheren Stufe des Menschseins nicht denkbar, wenn sie nicht auch schon auf den elementaren Stufen der Natur bis hin zu den Molekülen in der Neigung zu Vereinigung und Verbindung bestünde. Sie ist die verborgene Antriebskraft, die der gesamten kosmischen Evolution innewohnt.

2) Die fünf *prāṇa*-Arten, *vāyu* oder „Winde" genannt, werden gemäß dem traditionellen Yoga, bzw. gemäß der Ayurveda-Lehre nach ihrer Wirkungsrichtung bezeichnet. In einer etwas vereinfachten Analogie gesprochen fließt das *prāṇa* vom Gehirn aus nach vorne und unten, das *udāna* vom Kehlkopf aus nach oben, das *apāna* vom Beckenraum aus nach unten, das *vyāna* verteilt sich vom Herzen aus über den ganzen Körper, während das *samāna* sich auf der Höhe des Kreuzbeins sammelt.

3) Joh 1,4-5: „In ihm war Leben, und das Leben war das Licht der Menschen. Und das Licht scheint in der Finsternis, und die Finsternis hat es nicht erfasst."

4) Mt 7,13-14: „Geht ein durch die enge Pforte; denn weit ist die Pforte und breit der Weg, der zum Verderben führt, und viele sind, die auf ihm hineingehen. Denn eng ist die Pforte und schmal der Weg, der zum Leben führt, und wenige sind, die ihn finden."

5) Joh 14,5-6: „Thomas spricht zu ihm: Herr, wir wissen nicht, wohin du gehst. Und wie können wir den Weg wissen? Jesus spricht zu ihm: Ich bin der Weg und die Wahrheit und das Leben."

6) siehe S. 166

Die Reinheit des Empfindens

I

Die Wirklichkeit des Geistes ist von der irdischen wahrnehmbaren Sinnesebene gänzlich zu unterscheiden. Die Formen der Welt sind zur Manifestation geworden, während die Gedanken und Ideen, die der geistigen Welt angehören, eine Existenz besitzen, die nicht manifest im Sinne eines irdisch Gewordenen ist. Dennoch ist die geistige Welt ab jenem Moment, ab dem sie durch das Bewusstsein des Menschen erlebt wird, eine tatsächliche Seinsexistenz, eine Wirklichkeit, die es unmittelbar gibt. Das Unmanifestierte und das Manifestierte wirken wie Licht- und Schattenseiten zusammen.

II

In einem ganz besonderen Maße gilt diese Unterscheidung zwischen bereits gewordenen irdischen Gefühlen zu noch nicht entwickelten, aber doch in der kosmischen Existenzebene befindlichen Erwartungen. In der Seele des Menschen existieren bereits entwickelte Gefühle und es warten im Kosmos noch viele werdende Kreationen, die das Innenleben mit Farbe und Liebeskraft bereichern wollen. Das noch nicht Gewordene will im menschlichen Empfindungsleib auferstehen und Reife erzeugen. Die Reinheit des Empfindens entwickelt sich, wenn das Ungeborene, aber doch Wahre und Existente, das im Kosmos lebt und auf die Geburt im Menschen wartet, erahnt wird und eine Ruhe zu den vielen Verwirrungen des Tagestreibens spendet. Irdische Freude und Schmerzerleben sind nicht vergleichbar mit kosmischer Freude und Schmerzerleben. Der Unterschied zwischen einer oberen und einer unteren Welt im Sinne der Gefühle, die dort leben, Gefühle, die wahre Kreationen sind, ist unvergleichbar groß. Indem die Menschen zu sehr den irdischen Gefühlen eifernd folgen, verwirren, verschatten und erniedrigen sich die menschlichen Gemüter, sie schaffen auf dieser Ebene Bindungen durch *avidyā*, durch die Unwissenheit gegenüber den wahren Kreationen, die im Kosmos warten. Eine schmerzliche Erfahrung, die eine Person im irdischen Dasein ereilt, wie beispielsweise der Verlust eines nahestehenden Freundes oder Partners, kann sehr lange ein Gemüt betrüben und eng an den Körper heften. Würde man jedoch mit einer geistigen Sicht auf die irdische Situation blicken, gleichsam wie von oben nach unten oder aus einem körperfreien Bewusstsein zu einem emotionalen Eingebundensein, lässt sich eine ganz andere Erfahrung gewinnen. Der Schmerz des Irdischen, in Trübsal und Anbindung der Gefühle an das eigene Egoverhalten, belastet sogar die Seele im Nachtodlichen und erschafft eine Sphäre der Abschirmung. Es ist ein egoistischer Schmerz und dieser ist fern von einer kosmischen Wirklichkeit. Der Tod ist von dieser Perspektive aus beobachtet, eine Art Wandel und die Seele erlebt sich nicht im Schmerz, sondern in einer unverzüglichen Willens-Seins-Dynamik. Sie will ihre Fähigkeiten als Gabe in die Welt bringen, sie will zurückstrahlen und die Hinterbliebenen bereichern. Sie will Empfindungen spenden. Eine in wachsendem Maße befreiende und manchmal sogar lichterhebende Freude kann sich für die Seele in dieser Willens-Seins-Dynamik, die nun in körperfreier Region lebt, offenbaren. Wahre Empfindungen sind nicht mit den Organen des Menschen verkoppelt und verschattet, sie sind daher nicht egobezogen, vielmehr sind sie Kreationen des weisheitsvollen kosmischen Lichtes und sie sind mit einer realen Wirklichkeit der Verstorbenen verbunden.

III

Wenn meine Worte manchmal sehr rätselhaft klingen[1] und in ihren Zusammenhängen nicht verständlich erscheinen, vielleicht sogar manchmal wie der gewöhnlichen Logik widersprechend anmuten, dann ist das deshalb der Fall, da die Betrachtungsweise tendenziell mehr aus der Wahrnehmungsperspektive eines freien Daseins des seelischen Empfindens, der Kreativität des Kosmos entwickelt ist. Im innersten Gemüt trägt jeder einzelne Mensch eine mehr oder weniger intensive Ahnung von einer Wirklichkeit eines unbegrenzten seelisch-geistigen Daseins in sich und gleichzeitig fühlt er sich durch den Leib mit irdischen Ketten und all seinen versinkenden Hoffnungen, Schweregefühlen und Rigiditäten gefesselt. Im Empfinden treffen sehr feine Ströme aus einer oberen oder freien, nachtodlichen Wirklichkeit mit dem individuellen, aufsteigenden Lebenspotential zusammen. Wahre Empfindung ist ein Kosmos und eine Lebenskraft zugleich. Sie geht vom Astralleib zur ätherischen Dynamik hinüber. Die feine geistige und nach Wahrheit strebende Empfindungswirklichkeit entzieht sich häufig der konkreten Wahrnehmung und da sie sehr wenig, wenn man es mit dem Begriff ausdrückt, emotionales Gewicht besitzt, sondern eine lichte Dimension darstellt, wird sie fast nie wie eine wirkliche Kreation und Realität wahrgenommen. Die Worte, die nun von mir im Sinne von Meditationsinhalten oder Meditationsbeschreibungen gesprochen werden, offenbaren Eindrücke und Gesetzmäßigkeiten aus der höheren, freien Ebene der geistigen lichten Sphären, jenem Ort, wo die Seelen im Nachtodlichen weilen und deshalb sind sie zunächst auf empfindsame Weise wahrnehmbar.

IV

Werden aber die Worte über längere Perioden durch Wiederholung und bewusste Auseinandersetzung ergründet und gepflegt, gewinnen sie mit einiger ruhigen Zeit eine sensible Wirklichkeit, die nicht einer Suggestion und auch nicht einer Einbildungskraft unterliegt. Sie sind eine wirkliche Kreation in der Seele, sie sind Empfindsamkeit im realen substantiellen Sinne von metaphysischer Farbe und Form. Die Worte werden zur Seele und sogar zu einer lichten und sehr reinen Kreativität, die keine Neigung zu irdischen Verflechtungen oder Abhängigkeiten besitzt. Sie ist wie ein neues Bewusstsein, das nun über den Ätherleib, über Licht- und Wärmequalitäten zum sogenannten chemischen Äther einen realen und feinsinnigen Ausdruck nimmt. Im Empfinden entwickelt sich eine Art Reinheit, die den Einzelnen nach Verwirklichung Strebenden über die irdische Schwere hinaushebt und ihm eine Art geistiges Wahrheitsgefühl mit sicherer Fertigkeit verleiht. In dieser Empfindungsebene erwachen die ersten Wahrnehmungen zu einer tatsächlich bestehenden höheren lebendigen und sehr fein wirkenden Realität. Die geistige Welt ersteht in unmerklichen inneren Wahrnehmungen in dem nach Fortschritt und Entwicklung strebenden Menschen auf.

V

Durch diese wachsenden inneren Empfindungswahrnehmungen, die tatsächlich aus einer geistigen Botschaft langsam in das Herz des Einzelnen hineinstrahlen, entwickelt sich ein neues Verhältnis zu den bisherigen Daseinsbedingungen. Zunächst verändert sich das Antlitz des Strebenden mit seinem ganzen Ausdruck, es wird offener, lichter und schöner. Er fühlt, dass er verschiedene Verhältnisse im Leben, die er einmal sehr wichtig genommen hat, als Relativität und durchaus als Vergänglichkeit bewerten darf und nun größere oder weiter gefasste Ziele erstreben kann. Die Sehnsucht nach einer idealen Beziehungsform tritt in der Regel sehr schnell mit den ersten evidenten Gefühlen auf. Ein Besitzstreben muss mit der wachsenden lichten Empfindungskraft zurückweichen und eine edlere, nach außen freilassende Haltung gewinnt an zunehmender Bedeutung. Nun bemerken aber viele Freunde und Angehörige diese neu hinzukommende sogenannte Ätherkraft, die sich in der nach Verwirklichung strebenden Persönlichkeit auf stille ungreifbare Weise entfacht. Der Schüler des Geistes bleibt nicht mehr und kann nicht mehr der gleiche funktionierende Freund oder Angehörige bleiben. Je nach der Art des Charakters und der Ausprägung der Tugend der Toleranz, können sich die unterschiedlichsten bejahenden oder verneinenden Stimmungen in den Verwandtschafts- und Freundschaftskreisen zeigen. Jene Verwandlung, die im Geistschüler durch die neue Dimension in sein Empfindungsleben mit neuen Kreationen in einer faszinierenden Reinheit hinzukommt, strahlt über die Persönlichkeit und bewirkt eine Herausforderung für alle teilnehmenden Dritten. Die Entwicklung im Aufstieg eines seelisch inneren Empfindens bleibt deshalb nicht nur eine persönliche, begrenzte Frage, sondern sie gleitet unmittelbar in eine weitere und größere Dimension hinaus zu den Mitmenschen. Es ist ein verströmendes, feines seelisches Licht. Aber nicht nur bis hin zu den nahestehenden Personen, die Anteil an dieser neuen Empfindungskraft nehmen, offenbart sich ein Wirkungskreislauf, er strahlt sogar hinaus in die Witterungen, in den Kosmos und hinüber zu jenen Personen, die im nahen Umfeld bereits abgeschieden sind. Die Reinheit des Empfindens ist eine kreative innere Lichtdimension, die sogar in ganz besonderem Maße die seelische nachtodliche Welt begehrt. Die Entwicklung betrifft deshalb universale Ebenen.

VI

Das Wort Gott dürfte wohl eines der missverständlichsten, die jemals in Sprachschöpfungen entstanden sind, sein. Es erscheint leichter, wenn es nicht zu sehr in eine allgemeingültige und schnellfertige Gebräuchlichkeit gelangt. Einfacher ist es beispielsweise, wenn man das Wort Gott mit dem Gedanken gleichsetzt und den Gedanken nicht als intellektuelles Produkt wertet, sondern als jene geistige Instanz, die im indischen religiösen Dasein mit der Welt *brahman* gleichgesetzt wurde. Der Gedanke ist unmittelbar eine geistige und freie Wirklichkeit, die, wenn sie von dem Einzelnen erlebt wird, im Sinne eines hohen konzentrierten Bewusstseins verstanden werden muss. Niemand kann wohl den Menschen auf den Gedanken in seiner ursprünglichen, in *brahman* wirkenden Seinsexistenz direkt hinweisen und er kann ihn nicht in seinem metaphysisch lichten Dasein anstoßen. Wer beispielsweise sagt: „Ich weise dich auf einen bestimmten Gedanken hin", meint bereits die äußere Form, die dieser Gedanke in seiner irdischen Verkleidung angenommen hat. Die Seinswirklichkeit in *brahman*, im Land der Gedanken, bleibt immer unsichtbar und deshalb muss sie der Einzelne durch lange Konzentration, Meditation und Erfahrungssuche erklimmen. Der einzelne Geiststrebende passiert eine sehr enge Pforte in der Konzentration und er erlebt sich in einer individuellen, außerordentlich intensiven Aktivität. Die Bewegung zu der tiefen Wirklichkeit des Geistigen im Gedanken ist eine mutige Auseinandersetzung, die alle Bindungen, Verschattungen und alle kollektiven Gruppengefühle überwindet. Der Einzelne fühlt sich im Alleinsein und in mutigster, zentriertester Eigenaktivität. Dieses Alleinsein ist aber nicht eine Form der Einsamkeit oder Isolation, es ist vielmehr wie eine hohe, lichte und freie Wirklichkeit zu erleben, die eine Art Türe offen hält, die aus dem Verlies des körperlichen Schweredaseins herausführt. Reine Empfindungen sind Kreationen, die den Menschen mit dem Kosmos und der irdischen Welt versöhnen.

VII

Die Evangelien-Geschichte erzählt, wie Jesus Christus einen Sturm auf dem See bezwang. Die Schilderung berichtet, es habe Jesus geschlafen und da der Sturm so heftig war, mussten sie ihn wecken. Die Worte der Jünger lauteten: *„Herr rette uns, wir kommen um."* Die Antwort aber von ihrem Gebieter war eine erstaunliche: *„Was seid ihr furchtsam, ihr Kleingläubigen. Er stand auf und bedrohte die Winde und den See und es entstand eine große Stille"*.[2] Welche Wahrnehmung liegt in diesen bemerkenswerten Schilderungen des Evangelientextes? Die Jünger verfallen ihren eigenen Ängsten und leiblichen Anhaftungen. Sie wollen sich selbst erretten und übersehen den Umgang mit den Verpflichtungen gegenüber den Naturgewalten. Die Stelle, an der Jesus den Wind und den See bedrohte, will lediglich aussagen, dass er sich nicht um das Leben des persönlichen Daseins primär bemühte, sondern gegen das Objekt der Naturgewalt auftrat und auf diese Weise sowohl Rettung als auch Stille erzeugen konnte. Dieser Evangelienstelle liegt die Bedeutung zugrunde, dass der wahre Erfolg und die Ruhe dann eintreten werden, wenn die Bewusstseinsorientierung nicht um die Errettung des eigenen Daseins bemüht ist, sondern sich mit den Phänomenen der Natur und in diesem Fall mit dem Sturm auseinandersetzt. Im eigenen Trieb, sich selbst zu erhalten und zu erretten, verliert der Mensch eine gesunde größere Kreativität in den werdenden Empfindungen. Wahre Gefühle entstehen im Menschen durch die reale Begegnung mit dem Geist und der Welt zugleich.

VIII

Diese Art der Konzentration auf einen Inhalt oder einen Gedanken führt zu einer sehr bewegten Dynamik im Gedankenleben, die wiederum wachsende feine Empfindungen erzeugt. Die Seele gewinnt eine hohe Regsamkeit und sie beginnt mithilfe des Gedankens, den sie aus den Worten einer spirituellen Schrift empfängt, regelrechte Licht- und Wärmekräfte zu erzeugen. Fehlt aber dem Menschen der Mut und die Ausdauer zu einer aktiven Forschungsarbeit, zur Konzentrations- und Meditationsbildung, steigen nach einiger Zeit die Bedürfnisse nach Kompensationen im Sinne von Abhängigkeiten und Anklammerung an bisherige Verhältnisse. Die Ahnung, dass eine nächste höhere und wahrere Dimension in die Seele hereintreten möchte und mit sensibler Feuerkraft das Dasein neu formieren will, könnte, wie das Evangelienbeispiel sagt, die verschiedensten leibabhängigen Gefühle beunruhigen und zu einem Festhalten am Trieb der Selbsterrettung führen. Die Ängste beginnen deshalb mit der Reinheit einen erheblichen Kampf zu führen und langsam zeigt sich, ob sich derjenige, der erste Erfahrungen gesammelt hat, noch mehr zum irdischen, abhängigen Dasein in Kleingläubigkeit zurückwendet oder ob er den Mut in der Seele nach einer tieferen, reineren Wirklichkeit durch Gegenwärtigkeit zum Aufleben führt. Die ersten Wahrnehmungen über eine geistige Wirklichkeit bleiben jedoch immerfort in der Seele des Einzelnen bestehen und obwohl sich manche Menschen unendliche Bürden mit Kompensationen und Abhängigkeiten, mit Entschuldigungen und Rechtfertigungen gegenüber der neuen und wartenden Reinheit zurecht richten, wissen sie bereits insgeheim, dass sie nicht allzu lange ihren eigenen Betrug aufrechterhalten können. In den tiefen Empfindungen leben Wahrheiten, die zu einer bestimmten Zeit nach ihrer Verwirklichung drängen. Es ist die Kreativität des Kosmos, diese geht vom Gedanken aus und sie strebt nach souveräner Verwirklichung. Im menschlichen Empfindungsorganismus ereignet sich durch den Engel ein Erblühen von Empfindungen in lichter Dynamik.

IX

Warum, so noch einmal die Frage, wenden sich dennoch sehr viele, die einmal die Initiation des Geistes, das heißt die erste Empfindung über die Existenz einer höheren Wirklichkeit real erlebt haben, den irdischen Abhängigkeiten mit nahezu unerklärbarer Intensität hin? Die äußeren Wirklichkeiten offenbaren nicht unbedingt die inneren, in der Seele ruhenden, wahren Verhältnisse. Sie offenbaren noch nicht das sogenannte *karma* und deshalb sind manchmal Freunde in Wirklichkeit Feinde und es kann sein, dass Unannehmlichkeit und Forderndes ein freundschaftliches Gesicht besitzen. Die Reinheit des Empfindens kann aber nur dann, wenn sie immerfort Zustrom erhält, zu einer reifen Weisheit und Stabilität gedeihen. Ein zu kompromissloses, unreflektiertes und emotionales Verbundensein mit jenen, die in Wirklichkeit die essentiellsten Fragen der Entwicklung verneinen und der Schönheit des werdenden Menschen mit Argwohn begegnen, zerstören den Astralleib des einzelnen Strebenden und verderben die ersten reinen empfindsamen seligen Wahrnehmungen im Inneren. Aus diesem Grunde heißt es im Evangelium: *„Hütet Euch vor dem Sauerteig der Pharisäer!“*[3] Nicht dass man alle Menschen meiden müsste, die dem geistigen Gedankengut widersprechen, nein, die bewusste Begegnung und Wahrung des eigenen ersten Blütenpols des Äthers mit seinem seligen Wertempfinden ist es, die der zu Initiierende um der Wahrheit und Reinheit willen, um der Ordnung und der Würde, um des anderen und um des eigenen Selbst willen bewahren muss.

Nicht selten zeigen sich durch die Initiation des Geistes die sogenannten Freunde oder die Brüder und Schwestern, die sich sehr um denjenigen kümmern, der in eine Entwicklung findet und der plötzlich eine ätherische Reinheit in seiner Seele mit realen Empfindungen offenbart, als die eigentlichen verneinenden Pole oder, wenn man es harmloser ausdrückt, als diejenigen Menschen, die Lüge und Abhängigkeiten aufrechterhalten wollen. Eine gute Unterscheidungsfähigkeit zwischen verneinenden und bejahenden Positionen führt die Seele zu einer wachsenden aufrechten Haltung und es entstehen keine Abhängigkeiten, sondern tiefere Beziehungen, die weitere günstige kreative Ansätze erlauben.

X

Tatsächlich bestehen häufig Traumen innerhalb von Freundschaftsgefügen und Verwandtschaftsverhältnissen, sodass derjenige, der Geistschulung beginnt, mit seinen eigenen inneren Verlustgefühlen, die aus den nahen zwischenmenschlichen Verletzungen entstanden sind, konfrontiert wird. Welche Enttäuschungen werden plötzlich gegenüber der eigenen Familie für Momente bewusst? Das Nahe wird zur Ferne und fremden Umgebung und das Ferne gewinnt eine langsame Einkehr in das Innere. Es ist die Antwort aus einem tieferen inneren Verlustgefühl, ein Gefühl, das im Astralleib eingegraben ist, das sich nun in vermeintlicher Hoffnung gerade an diejenigen wendet, die ihn in der Entwicklung gehemmt und geschädigt haben. Infolge von Traumen und Abhängigkeiten will nun der zu Initiierende sein Licht unter den Scheffel stellen und in Mutlosigkeit seine Nächsten, die immer weiter in die Ferne rücken oder die ihn unsolide bedrängen, binden. Aus diesem Grunde entstehen gerne stärkere Abhängigkeiten innerhalb der vermeintlichen Freundschaften, denn der sich zum Geist Hinwendende will etwas Verlorenes erretten. Ich aber bin derjenige, der eine Türe eröffnet und der die alten Traumen zur Relativität erklärt. Das bin tatsächlich Ich selbst. Mein Gewissen will das, was zu erretten ist, erretten und nicht das Verlorene im Irdischen wie eine Krücke pflegen. Die Aufgabe für den, der nach vorne zu weiteren Höhen der Erkenntnis streben möchte, ist es, dass er eine Ausdauer behält, seine Traumen relativiert und die Bindungen in seinen bisherigen persönlichen Verhältnissen mit größter Vorsicht ablegt. Er darf sein Licht nicht nur unter den Scheffel stellen, er muss es pflegen und bewahren und im rechten Moment auf den Leuchter stellen.[4]

XI

Es wäre ein Irrtum, wenn der Strebende auf seinem Weg um der Bewahrung einer inneren Reinheit im Empfinden willen alle menschlichen Verhältnisse, die ihm und seiner neuen geistigen Zielstrebigkeit nicht bequem erscheinen, meiden und ablegen würde. Angst ist nicht angezeigt, sondern Unterscheidung und klare Bewusstheit. Eine größere Reinheit lebt derjenige, der in Beziehungen eine neue Ordnung mit edlen, charakterlichen und ästhetischen Voraussetzungen kreieren kann und nicht jener, der zu hastig vor der meist ohnehin nicht immer einfachen Beziehungsebene flüchtet. Männer wie auch Frauen können innerhalb einer Beziehung gerade durch die Entwicklung geistiger Inhalte hervorragende reine Verhältnisse mit einer schönen Ausstrahlung entwickeln. Es ist aber eine vollkommene Ehrlichkeit und eine Lauterkeit in den Motiven verpflichtend. Die Schönheit ist Ausdruck der entwickelten Empfindung und diese ist wieder Ausdruck der vom Geiste getätigten Kreation. Beziehungen müssen sich nicht voneinander entsagen oder strenge Wege der Isolation eingehen. Eine Form zur Entwicklung der Reinheit ist es, dass triebhafte Emotionen eliminiert werden und bewusste Umgangsformen mit einem ansprechenden edlen Verhalten zur Entwicklung gelangen. Die Reinheit des Empfindens gibt den Menschen von innen eine lichte Strahlkraft. Die ätherischen Kräfte des Lichtes steigern sich, veredeln die Augenpartien und schließlich die gesamte Formgestalt des Leibes.

Die Reinheit des Empfindens in dauerhafter Weise entsteht nicht durch kompromisslose Hinwendung an die Welt oder weltenflüchtige Askese, sondern durch eine hohe gedankliche und bewusstseinsorientierte Aktivität mit spirituellen Inhalten. Sie wird zur ätherischen Kraft in der Seele und der Einzelne, der auf diesem Weg solide wandelt, gewinnt eine Weisheit, die ihn mit der Welt und mit sich selbst versöhnt.

---

1) siehe S. 166

2) Mt 8,23-27: Stillung des Sturmes

3) Mt 16,5-12: „... sondern sich zu hüten vor der Lehre der Pharisäer und Sadduzäer."

4) Mt 5,14-16: „Man zündet auch nicht eine Lampe an und setzt sie unter den Scheffel, sondern auf das Lampengestell, und sie leuchtet allen, die im Hause sind. So soll euer Licht leuchten vor den Menschen, damit sie eure guten Werke sehen und euren Vater, der in den Himmeln ist, verherrlichen."

DER CHRISTUS
DER GEDANKE
ARBEIT
KOLLEGIUM
BEZIEHUNGEN
FREIZEIT
SPRACHE
KÜNSTE
NATUR
BILDUNG & KULTUR
GESUNDHEIT
PHILOSOPHIE
PHYSISCHER KÖRPER

Das Bild eines Tempels als Meditationsinhalt

In der Mitte dieses zur Meditation geeigneten Bildes befindet sich eine ausstrahlende Sonne. Sie ist ein Sinnbild für den Gedanken, der, wenn er frei und konkret zu seiner Wirkung gelangt, eine unmittelbare Ausstrahlung gewinnt.

Der reine Gedanke, der nicht mit einem intellektuellen Produkt, das aus dem Gehirn kommen könnte, zu verwechseln ist, gehört nach der indischen Weisheit in jene Welt, die *brahman* genannt wird. Zwischen dem Gedanken und dem Christus gibt es keinen Unterschied. Sowohl der Gedanke als auch der Christus sind wie eine unberührt wirkende und doch immer unsichtbar bleibende Sonne des Daseins.

Nach unten über das Tempeldach hinaus sind zwei Engelwesen sichtbar. Diese tragen den Gedanken zu den Menschen und manifestieren ihn in der Seele mit verschiedenen Empfindungsqualitäten.

Jene zehn Säulen verbinden die obere Welt des Geistes oder des unberührten Gedankens mit der irdischen Welt. Eine Säule symbolisiert nach älteren Darlegungen die vertikale Linie zwischen oben und unten. Je mehr sich der einzelne Mensch in Form von Beziehungsfähigkeit, Künsten und Bildung verschiedener Art entwickelt, desto mehr trägt er eine obere Welt, eine Ideenkraft in die irdische Welt hinein und er selbst wird in seiner Seele durch sein Wissen wie eine stabile und verbindende Säule.

Das unterste Fundament des Tempels bildet die reine irdische Ebene oder allgemein die Körperlichkeit. Sie ist jene Wirklichkeit, die tatsächlich nur durch die Existenz der Ideenwelt oder der Wirklichkeit des Geistes zu ihrer sinnlichen Erscheinung gelangt.

Das Leben im Geiste Christi

I

Rudolf Steiner beschreibt in seinen Ausführungen das Erscheinen des sogenannten „ätherischen Christus“ und benennt die Zeit hierfür als sehr aktuell, das heißt, er meint die heutige gegenwärtige Situation des Daseins. Er sagt, dass viele Menschen in der Atmosphäre den Christus im Ätherleib erschauen werden. Im rückstrahlenden Äther erscheint ein Auge mit lichter Strahlkraft, das den eigenen physischen Augen entgegenleuchtet. Ein Engel öffnet die versiegelte Türe, die durch die Materie gegeben ist und da der rückstrahlende Äther erwacht, beginnt der Geist, der überall gegenwärtig ist und durch die Materie eingeschlossen war, den Augen entgegenzutreten.

II

Der Christus ist nicht der Leidende, er ist der Auferstehende, der Erfüllende, der im Lichte lebt und in der Verkleidung der Materie geheimnisvoll apersonal atmet. Er ist der immer generierende und schaffende Geist, der die Weltenschöpfung aus dem ersterbenden Haben in ein wirkendes Sein erhebt.

Am leichtesten ist das sogenannte christlich-geistige Wirken zu verstehen, wenn man das Leben im Sinne einer Dreigliederung erfassen und darstellen lernt. Auf der einen Seite gibt es das sogenannte Böse, das versuchende oder sündhafte Begehrensprinzip mit allen Egoismen und materialistischen Selbstbehauptungstrieben, das Habenwollen, das die Materie mit seinem finsteren Angesicht bindet und auf der anderen Seite gibt es das hingebungsvolle, vielleicht klerikale oder altruistische sogenannte Gute, das scheinbar nie Gewalt anwendet und sich fern von allen Mächten der Begierdenglut aufhalten will. Das ist das schmeichelnde, scheinbar nicht materialistische, ideologische Angesicht. Dieses weltenferne Wollen ist aber ebenfalls ein Haben und entbehrt der Feuerkraft des Seins. So oft der Name Christus in diesen beiden extremen egoistischen Formen ausgesprochen wird, so wenig wohnt er in ihnen. Darüber und von der Seinsexistenz ganz anders, erhebt sich das sich immer wieder erneuernde und Leben hervorbringende, im Sein reichhaltig atmende christlich-geistige Potential. Es ist das ungesehene Feuer in der Sphäre, das ohne Materie brennt. Es ist die Auferstehung ohne Fall und Schmerz und das Kreuz ist Vergangenheit. Aus diesen Gründen sind sowohl das klösterliche, wie auch das weltliche Leben nicht mehr strenge Polaritäten, denn die Auferstehung lebt mit ihrem Mysterium der Werdekraft jenseits, in all jenen kleinsten Partikeln wie eine chemische Verwandtschaft und an einem Ort, der frei von der Macht des Zugriffes ist. Die Ätherkräfte spiegeln sich in der Materie, aber sie bleiben frei von dieser.

III

In einem sehr trefflichen Vergleich kann man sagen, dass der alte Lebensbaum oder sogar direkt mit dem Wort des Evangelientextes *„der Feigenbaum“*[1] keine besondere Bedeutung für alle Selbstwerdeprozesse besitzt, denn es entsteht ein neuer Baum und dieser schenkt unendliche Möglichkeiten für eine frei erstrahlende menschliche Kultur. Ähnlich wie Rudolf Steiner es ausdrückt, dass aus dem dürren Holz des Kreuzes, an dem der Christus hing, ein neues Leben hervorkommt, so entsteht tatsächlich aus den Verwelkungsprozessen und den vielen Erfahrungen, die der Materialismus der gegenwärtigen Zeit in seiner Negativität hervorbringt, jene unberührte Auferstehung, die inmitten des Dunkelns ein mysteriöses und verborgenes Licht kreiert – dies auf vollkommen unberührte Weise, frei von der Materie und frei von Leiden – und eine neue Kultur der Liebe und des freien bewussten Menschseins im Keime vorstellt.

IV

Der ätherische Christus wird für denjenigen leichter wahrnehmbar, der in seinem Leben auf ungerechtfertigte Weise ausgegrenzt und verworfen wurde. Solange der Geiststrebende inmitten der Welt von allen Seiten Anerkennungen und Förderleistungen genießt, erlebt er sich noch zu sehr in der körperlichen und emotionalen Sphäre eingebunden und er kann infolgedessen den reinen konkreten Gedanken, wie er auf seine Wirklichkeit in der Erhebung des menschlichen weit blickenden Auges wartet und wie er zu einem inneren stillen Mysterium im Herzen erkraften möchte, nicht sehen und erleben. Der Christus und der reine Gedanke bilden eine Einheit. Sie sind unberührt von der Materie, frei, und das ist das Besondere. Nicht eine einzige Macht des weltlichen Zugriffes kann diese lichte Äthersphäre tangieren. Dieser reine Gedanke oder diese Ideensubstanz, die Platon als die wahre Realität benannt hatte, will den Menschen im Angesicht seiner selbst erreichen und in ihm zu einem besten Ideal erkraften. Der Christus lebt in der reinen geistigen Verfügbarkeit und immer dort, wo der einzelne Mensch eine Erfahrung wie eine bisher noch nicht bekannte Wirklichkeit durch eine inhaltliche Auseinandersetzung im Herzen gewinnt, spürt er einen Strom von Liebe, von übersinnlich ätherischer Kraft, die ihm nicht vom Körper, sondern tatsächlich aus dem übergeordneten Reich des Geistes zuströmt. Der ätherische Christus lebt im ausstrahlenden und werdenden Gedanken. Er offenbart sich mit Schönheit, Licht und Wärme. Er bleibt aber im Äther und erstrahlt auf den Körper und somit ist der Geist Leben und dennoch völlig frei, wirklicher und souveräner als alles gebundene irdische Denken.

V

Zu lange Phasen der Einsamkeit und zu strenge asketische Verrichtungen können eine Entwicklung verhindern, denn sie führen nur anfangs, aber nicht auf Dauer zu einer verbindenden und erbauenden ätherischen Erkraftung.[2] Die Loslösung von allen Begehrensmächten ist einerseits sinnvoll, jedoch darf sie nicht zu einseitig stattfinden, denn der Übende bedarf um der Belebung seiner Seele und Erquickung der Lebenskräfte willen einer unbedingten inhaltlichen Bewusstseinsformung. Er sollte das Leben im Irdischen kennenlernen und dieses schließlich mit geistigen Wahrnehmungen und neuen Ideen, die zu Idealen heranreifen, bereichern. Die christliche Geistigkeit bildet eine unabhängige Mitte zwischen frommer Weltflucht und einem Ausleben von animalischen Trieben. Das Schauen des ätherischen Christus heißt, dass Gedanken höchster und bester Art in Freiheit erlebt werden und dass diese in stufenweiser Folge zu inhaltlichen seelischen Empfindungen heranreifen, sodass sie in letzter Konsequenz zu einem authentischen Teil der menschlichen Persönlichkeit werden. Weder eine extreme Neigung zu Selbstaufgabe noch zu Selbstanhaftung können eine Wahrheit in der heutigen materialistischen Zeit darstellen. Das sich erhebende Seinsprinzip ist ein anderes, als die beste Diskussion zwischen zwei Meinungen. Inmitten der vielen Pole, die das weltliche Dasein durch geistige Schaffenskraft hervorgebracht und es dennoch aber zur Fixierung abgelegt hat, kann der Einzelne im Sinne eines sehr unermüdlichen Strebens Gedankeninhalte auf polaritätsfreie Weise entwickeln und in seinem Leben einen Ausgleich der extremen Widersprüche von Weltenflucht und Weltenverhaftung herstellen.

VI

Die Worte werden durch diese Ausführungen leichter verständlich, dass dieses neue polaritätsfreie und inhaltlich souveräne Leben nicht das bekannte und sichtbare ist und dass dieses Leben in die Erde strahlt, auf die Mitmenschen, auf die Pflanzen und auf alle Erscheinungen. In dem Gedanken, der erkraftet und zur Empfindung wird, lebt diese neue Seele. Sie ist mit dem christlich-geistigen Potential verbunden und sie erstrahlt über ätherische Kräfte zu den Mitmenschen hinaus.

Es wäre aber zu einfach, wenn diese Aktivitäten zu einer christlichen Geistigkeit ohne das Ertragen schmerzlicher Gefühle, die überall in der Welt vorhanden sind, stattfinden könnte. Die Ausgrenzungen und Verwerfungsvorgänge können dem Einzelnen auf seinem Weg eine große Hilfe bieten, denn gerade durch das Verlieren der naturgegebenen emotional behafteten Verwandtschafts- und Gesellschaftsgefühle erlebt der Einzelne das Alleinsein im Sinne eines ersten kosmischen freien Lebensgefühls. Er fühlt sich wie auf einem Berg, unabhängig, exponiert und doch auf feinste Weise in einer leichteren Luftsphäre dem Geiste näher. Aus diesem Grunde schreibt das Evangelium, dass diejenigen selig sind, die am meisten wegen ihres geistigen Strebens verfolgt werden.[3]

VII

Für das Erleben des ätherischen Christus muss der Mensch von allen Bindungsmechanismen frei sein und sich im Erleben zu einem Gedanken erfahren lernen. In meinem persönlichen Leben gab es unendlich viele Anfeindungen und Verwerfungen und diese wohl auf nicht leicht zu nehmende Weise. Infolge meines freiheitsliebenden Bewusstseins erlebte ich Ausgrenzungen in der Familie, schließlich fanden Verwerfungen innerhalb alpinistischer Gemeinschaften statt. Viele Bergsteiger störten sich an meinen damaligen außergewöhnlichen Leistungen und warfen allerlei Lügengeschwätz über meine Person. In spirituellen Gemeinschaften nahm die Serie der Ausgrenzung nie ein Ende und selbst viele, die bei mir gelernt haben, verwerfen heute meine Person. Sie lieben zu sehr ihre eigene Wirklichkeit und haften sich an Illusionen. Gerade aber die Verwerfungen sind es, die nicht nur eine größere freie Sphäre für mich eröffnen, es sind auch diejenigen Personen, die auf ungerechtfertigte Weise lügenhafte Bewertungen über mich aufstellen, nun jene, die mich zu einer größeren seelischen Liebe emporheben. Ich wage zu sagen, dass ich niemanden hasse und niemanden abwehren muss. Ich kann mit jedem Menschen sprechen und eine Ebene der Entwicklung entdecken. Viele aber können mit mir nicht in ein Gespräch kommen, denn sie würden an eine Wirklichkeit erinnert werden, die sie im Tiefsten ersehnen und aufgrund ihrer Bindungen nicht annehmen können. Das Wasser, das ich bereitstelle und das einen Durst stillen würde, nehmen manche mit Freude und andere weisen es zurück. Die umfassende seelisch-geistige Entwicklung bildet für mich das Zentrum meines Lebens und wenn man mir begegnet, wird man unmittelbar mit seiner eigenen persönlichen Entwicklungsfrage konfrontiert. Die christliche Geistigkeit möchte in jedem Menschen auferstehen und so weit sie in einem Einzelnen verwirklicht ist, in gleichem Maße wird sie nach außen zu den Mitmenschen erstrahlen und ihre stille Wirklichkeit demonstrieren.

---

1) Mt 21,18-22: „Des Morgens früh aber, als er in die Stadt zurückkehrte, hungerte ihn. Und als er einen Feigenbaum an dem Weg sah, ging er auf ihn zu und fand nichts an ihm als nur Blätter. Und er spricht zu ihm: Nimmermehr komme Frucht von dir in Ewigkeit! Und sogleich verdorrte der Feigenbaum. Und als die Jünger es sahen, verwunderten sie sich und sprachen: Wie ist der Feigenbaum sogleich verdorrt? Jesus aber antwortete und sprach zu ihnen: Wahrlich, ich sage euch: Wenn ihr Glauben habt und nicht zweifelt, so werdet ihr nicht allein das mit dem Feigenbaum Geschehene tun, sondern wenn ihr auch zu diesem Berg sagen werdet: Hebe dich empor und wirf dich ins Meer! so wird es geschehen. Und alles, was immer ihr im Gebet glaubend begehrt, werdet ihr empfangen."

2) siehe S. 168

3) Mt 5,10: „Glückselig die um Gerechtigkeit willen Verfolgten, denn ihrer ist das Reich der Himmel."

Die Freude des Gebens

I

Die größte Gabe, die eine menschliche Kreatur in die Weltenschöpfung bringen kann, liegt in der Fähigkeit, sich ganz für eine Idee, die zum Ideal werden möchte, aufzuopfern und sogar die Gesundheit und das physische Leben des eigenen Leibes diesem Ziel unterzuordnen. Wer mit den letzten Atemzügen seines irdischen Lebens diese Bemühung zu einem höchsten Ideal aufrechterhält, wird in der nachtodlichen Sphäre in die Welt der Glückseligkeit eingehen. Er wird zum Ideal selbst. Die Gabe, die ein Mensch in seinem Leben leistet, ist in letzter Konsequenz sein eigenes, persönlich gebundenes Leben.

II

Der vor dreißig Jahren niedergeschriebene Satz, dass das Geben mit der Anerkennung, Bereitschaft und Hingabe zu Gott beginnt,[1] darf nicht in kleinlichen, nicht in sehr bescheiden gehaltenen Gebeten oder begrenzenden Dienstleistungen gesehen werden, denn das gesamte Leben ist eine Gabe oder, anders ausgedrückt, ein Opferweg, der unendliche Tiefen und unermessliche Größen in seiner Verwirklichung zu einem höheren Ideal einnehmen kann. Aus diesem Grunde ist beispielsweise die erste Gabe, die eine strebsame Person leistet, mit der Anerkennung, dass es eine geistige und vollkommenere Wirklichkeit gibt und dass sich diese Dimension einmal im Menschen mit ästhetischen und weisheitsvollen Formen authentisch offenbaren möchte, gegeben. Der Himmel oder das Höhere kreiert die Erde und ohne diese größere Wirklichkeit wäre die Erde fruchtlos und unwirklich. In dieser höheren Wirklichkeit nimmt der sogenannte Herr, der der Gedanke ist, den glorreichen, unberührten und immer wirkenden Status des Opfers ein. Es ist Opfer, es ist eine Gabe, es ist sogar die Gabe, denn es ist ein Sein, eine Wirklichkeit, ein Existent-Sein. Sie lebt nicht wie eine Materie, die einen Raum für sich beanspruchen muss, diese Wirklichkeit, die der Gedanke ist, offenbart die Unmittelbarkeit des Verbindens, Versöhnens und des Ganzen. Der Gedanke wirkt ohne Berührung und ohne Forderung, er wirkt durch sein unmittelbares, reales Existentsein und er ist das Opfer, denn er ist in sich Kraft und Hingabe selbst, ohne Makel und Trennung.

III

Das Opfer in der irdischen Welt könnte wie ein Schmerz anmuten. Die Augen bleiben aber in den Phasen des Anhaftens zur Materie getrübt, dies jedoch nur vorübergehend, denn der Schmerz ist nicht das Wartende im unmittelbaren Schaffenden. Diese Wahrnehmung des Leidens und Schmerzes existiert tatsächlich für die äußere Sinneswahrnehmung im Körper und für das Gefühl, im Leben verhaftet zu sein. Die geistige Wirklichkeit kennt diese irdische Verhaftung nicht. Das Opfer in der geistigen Welt ist die Realität des unmittelbaren, uneingeschränkten und unentwegten Gebens, das keinen Augenblick eine Begrenzung oder eine Stagnation erlebt. Die Gabe ist die Vollendung und diese ist die unmittelbare Wirklichkeit des Geistes. Es ist das Schaffen im Schaffen ohne Gebundenheit.

IV

Es ist möglich, einer armen Person Geld zu geben oder ein krankes Familienmitglied nicht alleine zu lassen. In der Regel sind diese möglichen und vielleicht selbstverständlich anmutenden Gaben jeden Tag einzubringen und sie bewirken eine erste Freude, da sie zu einer menschlichen Verbindung und besseren Wahrnehmung des Miteinanderlebens führen. Der Einzelne wird im Moment freudig und glücklich, da er sich selbst in seinem persönlichen Gebundensein relativ erlebt und einen Hauch jener Wirklichkeit entdeckt, die durch den Gedanken in seiner wahren Seinsexistenz besteht. Das Bewusstwerden durch Studium, Meditation und geistiger Forschungsarbeit zu den Wirklichkeiten der höheren Welten kann Augenblicke eröffnen, die eine irdische Sphäre übersteigen. Ein gutes Studium stellt in seiner Anforderung und Disziplin eine höhere Gabe an den Kosmos und an die irdische Welt dar. Das Teilen von Gütern im irdischen Leben gewinnt eine größere Bedeutung, wenn die Werteinschätzung zu den realen existierenden Daseinsstufen eintritt und eine Bereitschaft zu einer Entwicklung der besten denkbaren Ideale eintritt. Die Hingabe an Gott ist deshalb nicht eine zeremonielle Gestikulation, sondern sie ist eine innerste bereitwillige Haltung, die ein unweigerliches Opfer mit sich führt und das persönliche Leben mit allen Bindungen zur Relativität erklärt. Die Hingabe lebt als Seinsexistenz und begleitet den Menschen auf immanente Weise. Das Geben ist frei von den meist so sehr fixierten Bindungen.

V

Die Freude des Gebens, das *ānanda* des Existentseins, das die Wirklichkeit der geistigen Welt darstellt, erstrahlt unentwegt in der übersinnlichen Welt, gleichsam wie die Sonne über allem Festen und Gebundenen. Der einzelne Suchende leistet vielleicht durch seine ersten Ambitionen ein sogenanntes Grenzüberschreiten in seiner Persönlichkeitsstruktur und gewinnt plötzlich einen freieren Horizont mit leichterem Atem. Er begibt sich in eine neue Wirklichkeit, die er bisher noch nicht in sich findet, die fern seiner eigenen üblichen Gewohnheiten liegt. Aus einer größeren Idee entwickelt er ein Ideal und transformiert seine bisherigen Anlagen. Die Freude, die in der geistigen Welt mit dieser Leistung und dem Dahinopfern von bisherigen, altbekannten Gewohnheiten, Bindungen, Fixierungen und kleinlichen Werturteilen geschieht, ist tatsächlich eine große selige Freude, die eine Wirklichkeit der Strahlkraft unabhängig von allen Fesseln des irdischen Daseins darbringt. Es ist *ānanda*. Gleichzeitig gewinnt der sich in diesem Grenzüberschreiten Übende eine überzeugende und ehrwürdige Haltung gegenüber seinen Mitmenschen. Er atmet den kosmischen Atem der Freiheit. Die Gabe ist sein eigenes gebundenes Selbst, das er in Form von irdischer Behäbigkeit und Lastern hingibt, und er entfaltet ein größeres Bewusstsein mit Würde und Weite. Wo hält sich der Einzelne auf, in einem Gedanken, der Seligkeit erzeugt oder in der Kraftlosigkeit der irdischen Tage mit allen Abhängigkeiten von lastgeprägten Gefühlen? Diese Frage, die die Jünger an den Christus stellten *„Wo hältst Du Dich auf?"*[2] ist jene, die die Unterscheidung der oberen und unteren Welt, der Freiheit im Gedanken und der Gebundenheit in abgespaltenen Gefühlen, fordert. *Ānanda* erblüht wie eine edle Blume in den geistigen Welten, wenn das Opfer in großzügiger und grenzüberschreitender menschlicher Entwicklung geleistet wird und der Mensch sich einmal nicht mehr mit der Begrenztheit von bindenden Interessen erstickt. Die Freude des Gebens ist in Wirklichkeit eine Blüte in der geistigen Welt.

VI

In der irdischen Sphäre bezeichnet das Wesen des Opfers nahezu immer eine schmerzliche Erfahrung, die den Menschen wie eine Art Verpflichtung auferlegt werden könnte. Wo hält sich das Bewusstsein auf? In der Ambition zur geistigen Welt oder in der Anhaftung und vermeintlichen Sorge um die irdische Existenz? Das Menschsein ist Opfer. Es besteht, erhält und atmet durch das Opfer, denn der Geist selbst existiert, während die Bedingungen des Daseins eine Folge von diesem sind. Im gesamten Leben existiert nach geistiger Sichtweise kein Besitztum, kein Besitzrecht und kein Anspruch auf die Materie. Jener, der an diesen Gütern festhält, blickt zurück und er verliert die Ansprüche. Die obere Wirklichkeit ist frei von der unteren, denn in dieser lebt die Vollkommenheit der Besitzlosigkeit. Der einzelne Mensch entwickelt eine Möglichkeit zu seiner Existenz, er pflügt das Feld auf der Erde und erhält den Boden, damit dieser Früchte hervorbringt. Dennoch aber gibt er sich selbst in der Arbeit, im Ringen um Fortschritt und im Streben nach Erkenntnissen dem Leben hin und zu einer bestimmten Zeit wird er alles Geschaffene verlassen und in die geistige Welt hinübertreten. Die Saat, die aus seinem Dasein zu Früchten gewachsen ist, nimmt er in die jenseitige Welt durch die Existenz seiner Seele mit hinüber. Er verliert aber den Körper und alle Bedingungen, die an diesem angehaftet waren. Die eigentliche Saat, die er im Geistigen erlebt, erwacht durch die höheren Welten und durch ihresgleichen, durch die Gaben des Opfers und diese vereinen sich erneut mit dem Menschsein.

VII

In den indischen Schulen, in denen geistige Disziplinen und der Yoga gepflegt werden, nimmt die Disziplin der Verehrung des Lehrers und der Begründer von weisheitsvollen Lehren eine sehr wichtige Rolle ein. Wer beispielsweise sich nach materialistischen Gesichtspunkten ein Wissen aneignet und dieses für sich selbst zum Vorteil seines irdischen Lebens benützt, erbringt nach den Aussagen der Bhagavad Gītā und allgemein nach den östlichen Weisheitslehren kein Opfer. Er ist ein Dieb und verschattet seine Seele, bindet sich an die irdische Welt und gibt seinen möglichen Lohn für die geistige Welt auf.[3] Das Erlernen von weisheitsvollen Inhalten und hohen Gedanken kann nur dadurch geschehen, dass der Praktizierende sich dem möglichen und bereits ausgesprochenen geistigen Gut hingibt, sich selbst tiefgreifend in Beziehung stellt und die eigene persönliche Grenze überschreitet. Nun erwartet die geistige Welt, dass der einzelne Lernende seinen Blick nicht materialistisch zurückwendet und weder die Gedanken für sich mit allen Problemen und Lastern benützt, noch diese in ein persönliches Besitzrecht eingliedert, es erwartet die geistige Welt die Gabe ihrer eigenen Wirklichkeit und ihrer eigenen Gesetzmäßigkeit und das ist jene, dass er das Erhaltene und das Gegebene in einem größeren und weiten Maße der geistigen Welt zurückgibt. Nicht nur der Erde, sondern auch der geistigen Welt ist das Opfer des Menschen würdig.

VIII

Mit intuitiver Weisheit sagte einmal ein anthroposophischer Lehrer, dass er durch seine Aktivitäten und Bemühungen um die Kinder und ihre Entwicklung mit bestem Gewissen Rudolf Steiner eine Gabe, die für ihn möglich ist, zurückgeben möchte. Dieser Lehrer sah nicht nur die weltliche Möglichkeit, Wissen zu verwerten, sondern führte seinen Gedanken wieder zur geistigen Welt hinauf, erhob einen Schimmer ihrer Existenz und schätzte in verehrendem Respekt den Begründer der Anthroposophie. Der Gedanke wäre nicht ohne die geistige Welt und ohne ihre großen Adepten zu den irdischen Schulen gekommen. Der Lehrer fand tiefen Zugang zur Geisteswissenschaft und wenn er Aussagen über spirituelle Gedanken tätigte, berührte er die Herzen seiner Mitmenschen. Die Freude der geistigen Welt geht deshalb in feinen schimmernden Farben demjenigen entgegen, der dieses Gesetz des Gebens und Zurückgebens, zu dem jeder verpflichtet ist, in Ernsthaftigkeit bewahrt. Das Opfer der Begrenzung und die Disziplin des Schauens und Erschauens, das mit dieser Seinswirklichkeit gegeben ist, wirkt erlösend auf viele gebundene Strukturen, die in der materialistischen Welt ihr schattenhaftes und leidvolles Dasein betreiben. Aus diesem Grunde darf in den Bewusstseinsschritten, die zur Freude des Gebens führen, von einem Geheimnis gesprochen werden und dass dieses für die Augen sichtbar und für die Ohren vernehmbar werden müsse.

IX

Ein natürliches Geben wird derjenige verrichten, der die geistige Welt mit ihren Engeln das Ihrige tun lässt und der seine Arbeitskraft mit voller Verantwortung für ein zu erreichendes Ideal einsetzt. Diese unterscheidende Weisheit kann ebenfalls in jener Weise ausgedrückt werden, dass der Einzelne sich zur Bearbeitung des Feldes bereit macht und der geistigen Welt oder Gott die Saat im Gedeihen überlässt. Je mehr die Illusion des Besitzhabens jedoch das menschliche Bewusstsein besetzt, desto mehr erwachen die Begehrenskräfte, die geradewegs die Ordnung in der Weltenschöpfung umkehren. Der Einzelne wird innerhalb seines besitzeifernden Begehrens zum vermeintlichen Akteur, gleichsam wie wenn er ein Engel wäre, der die Seelenfähigkeiten im Innersten empfindend anlegen könnte. Er verliert durch diese irrige und bewusstseinsbesetzende Illusion seine gesunde Hingabe an wahre Ideale und zehrt seine besten Lebenskräfte auf, denn die mächtige Begierdenglut im Irdischen schwächt sein Nervenkostüm und somit ist er bald nicht mehr zu einer gesunden Wahrnehmung gegenüber den Weisheiten der Weltenschöpfung fähig. Der Weg des gesunden Opferns und Gebens ist in diesen illusionären und umgekehrten Prozessen nicht gewährleistet. Jene Menschen, die sich zu sehr selbst im machtvollen Begehren in die Mitte des Daseins platzieren, entfernen sich von der seligen Freude der geistigen Welt.

X

Die Gabe ist gleich dem Menschen selbst und diese ist gleich der reinen Nächstenliebe, seinem Inneren und seinem Äußeren. Die Liebe ist nicht von der Erde, sie strömt aus den geistigen Ebenen durch die Macht und Kraft des Opfers und sie ist in der vollendeten Form ausgegossen in dem Bild des Christus. Der Mensch kann nicht anders, als sich selbst zu opfern, ob er dies nun mit seiner Meinung befürwortet oder abzulehnen versucht. Das bewusste Hingeben und Opfern des eigenen persönlichen Lebens mit den persönlichen Eigenschaften, den Worten und Werken an ein zu erstrebendes, denkbar hohes Ideal weiht sich zur Gabe selbst, in der die christliche Dimension der Liebe still und unberührt wohnt. Es ist der Mensch in seinem Selbst, in seinem geistigen Selbst, in seiner urbildlichen höchsten Wirklichkeit, der in der Gabe wohnt und er bleibt von der Berührung mit der äußeren Form frei. So wie der Christus im Opfer selbst die Gabe ist, so stellt auch der Mensch – und dies, ob er will oder nicht – eine Gabe dar, ja er verkörpert die Gabe selbst und wartet darauf, dass die himmlische Liebe sich mit der irdischen in ihm vereint. Der Christus ist deshalb von dem Menschen nicht getrennt, und durch das Opfer verbinden sich beide in feinen inneren Zügen miteinander.

XI

Die Aussage des Evangeliums in der Bergpredigt mit jener nicht leicht verständlichen Formulierung, dass beim Geben von Almosen die linke Hand nicht wissen solle, was die rechte tut[4], gewinnt wohl erst eine Verständlichkeit, wenn sich der Geiststrebende in einer Schulung zur intensiven Entwicklung der sogenannten Seelenkräfte übt.[5] Die reine Form der Entscheidung zur Gabe von Almosen oder auch anderen Gütern erfolgt durch ein reifes und von einem reinen Motiv getragenen Bewusstsein. Ein Gedanke soll unabhängig von dem Gemüt zur Entscheidung und Umsetzung gelangen. Im menschlichen Gemüt existieren immer eigensüchtige Motive, die eine Gabe begleiten und mit leisen und stillen Gefühlen erhofft sich der, der schenkt, nahezu immer eine Belohnung. Je mehr sich aber der Übende auf dem Geistschulungsweg mit der reinen Gedankennatur auseinandersetzt, desto mehr gewinnt er die Fähigkeit, die Mitmenschen zu sehen und seine Gaben in sinngemäßer und freier Weise zu leisten. Die rechte Hand kann in freiem Bewusstsein ihre Gabe verströmen, während die innere Erwartung des Gemütes zurückgeneigt bleibt.

XII

Jede einzelne menschliche Inkarnation entspringt aus der großen Quelle der Gabe des Geistes oder Gedankens und es ist das menschliche Leben der Ausdruck des Opferns im Kleinen der einzelnen Handlungen wie auch im Großen eines Gesamten. Das Bewusstsein, dass das Leben nicht ein Nehmen, sondern nur eine Gabe selbst ist, und sogar jener, der schlechte Taten vollbringt, nur in einem vermeintlichen Nehmen sich befindet, ein Nehmen, das in letzter Konsequenz wieder zum Geben führt, ist mir auf tiefgründige Weise vertraut. Meine Seele dürstet nach Ausdehnung, nach Überwindung von Überaltetem und nach Neukreierung von Ideen zu besten Idealen. Das Überwinden von bisherigen Strukturen erlebe ich über alle Jahre hinweg und sehe es für mich als notwendige Orientierung. Würde ich nicht ein bisher bekanntes und zur Routine neigendes Schema des Lebens neu beleben und im Opfergang des ganzen Daseins zu meiner täglichen Arbeit machen, könnte ich meinen eigenen Leib nicht erneuern und gesund erhalten. Eine Rückkehr zu einem Gestern oder gar Vorgestern existiert für mein Bewusstsein nicht als realistische Alternative. So wie die Ätherkräfte im Leben niemals still stehen und der Astralleib niemals eine exakt gleiche Konstellation in den Sternen hervorbringen kann, im gleichen Maße muss ich mich in schaffender Kreativität mit einem Opfern von bisher Bekanntem betätigen und in das Wagnis einer zukünftigen, noch nicht bekannten Konstellation eintreten. Müsste ich für mich selbst und meinen Genuss in der Welt leben oder müsste ich mich einer Aufgabe ohne geistigen Ansporn, nur um der Erhaltung irdischer Ziele willen hingeben, würde ich in meinen Ätherkräften in eine Starre gelangen und meine Lebensexistenz wäre bedroht. Ich sehe die Wirklichkeit des Geistes, das Opfer der Existenz des Gedankens, der unausweichlich strahlt und gibt, verbindet und kreiert, der immerfort im Geben ist. Wie kann es zu einem Horten und Sichern, einem Anspruch und einem Fixieren kommen? Der Christus wirkt in diesen unberührten freien Regionen und mein Leben wäre nicht ein Leben, wenn es nicht aus dieser Quelle ernährt werden würde. Jene Mächte der Abhängigkeiten, die einen trüben Schleier um die Seele kleiden, sind in den Erdentagen leider viel zu umfangreich gegeben.

Die Erkenntnis über das Existentsein des Gedankens und seine Gabe lässt mich selbst nicht in ein persönliches abhängiges Nehmen in die Welt zurücksinken.

---

1) siehe S. 169

2) Joh 1,38-39: „Jesus aber wandte sich um und sah sie nachfolgen und spricht zu ihnen: Was sucht ihr? Sie aber sagten zu ihm: Rabbi – was verdolmetscht heißt: Lehrer –, wo hältst du dich auf? Er spricht zu ihnen: Kommt und seht! Sie kamen nun und sahen, wo er sich aufhielt und blieben jenen Tag bei ihm. Es war um die zehnte Stunde."

3) Bhagavad Gītā, Vers 12, Kapitel 3: „Die durch das Opfer genährten Götter werden dir geben, was du dir wünscht. Wer sich aber an den von den Göttern gegebenen Dingen erfreut, ohne ihnen zu opfern, ist wahrlich ein Dieb."

4) Mt 6,2-4: „Wenn du nun Almosen gibst, sollst du nicht vor dir her posaunen lassen, wie die Heuchler tun in den Synagogen und auf den Straßen, damit sie von den Menschen geehrt werden. Wahrlich ich sage dir, sie haben ihren Lohn dahin. Wenn du aber Almosen gibst, so lass deine Linke nicht wissen, was deine Rechte tut, damit dein Almosen im Verborgenen sei, und dein Vater, der im Verborgenen sieht, wird dir vergelten."

5) In einer Geistschulung arbeitet der Aspirant auf eine solide Aufgliederung seines Denkens, seines Fühlens und seines Wollens hin. Das Gefühl sollte die Gedankengänge nicht beeinflussen und der Trieb, der im Willen verankert ist, sollte ebenfalls die reine Vernunft keinesfalls bedrängen. Je mehr diese Seelenkräfte durch Gliederung in eine Läuterung gelangen, desto reiner werden die Gaben an die Welt.

Die Reinheit des Willens

I

In der Weltenschöpfung könnte einfachheitshalber der menschlich gegebene und spürbare Wille von dem großen universalen Werden, dem authentischen geistigen Gedeihen eine betrachtende Unterscheidung erhalten. Dieses geistige authentische Werden bildet jene Dimension, die auf ihre unantastbare Weise den Weltenkosmos, die Naturbedingungen, die Erde und auf geheimnisvolle Weise die Seele des Menschen benetzt. Dieses feinsinnige Werden ist in seiner Bewegung unmerklich und nahezu wie unbekannt. Der hingegen so sehr bekannte, spürbare menschliche Wille bildet eine sehr eigenmächtige und nicht selten zur gesamten universalen Weltenschöpfung abgespaltene Widersprüchlichkeit. Die, wenn man es mit einfachen Worten ausdrückt, obere Dimension oder höhere Bewegung aller Kräfte steht sehr häufig in einer Disharmonie zu der unteren Kondition, die sich im Menschsein eigenwillig und selbstbehauptend zeigt. Es sind die Erscheinungen in der nachtodlichen Welt in ihrer weisheitsvollen Strahlkraft und Bewegung, die die Authentizität des gelungenen Entwicklungswerdens freudvoll repräsentieren, und es sind die menschlichen Stoffwechselorgane, die den individuell gewordenen Willen mit der schönen Erscheinung des Aufgerichtetseins oder, anders ausgedrückt, der Aufrichtekraft, substantiieren. Das Werden im Geistigen und die Entwicklung zur Authentizität ist wie eine stille Bewegung mit unaufhörlichen Zielen, die eine unentdeckte Kraft und geheimnisvolle Macht zugleich beinhaltet. Die geistige Dimension, die die Werdeprozesse entfaltet, beruht auf einer tatsächlichen kosmischen oder astralen Substanz, die sich urbildlich im Aufrichtevermögen des Menschen äußert.

II

Das Ziel einer spirituellen Verwirklichung führt zu einer umfassenden psychischen und physischen Aufrichtekraft des Menschen, das heißt zu einer substantiellen Erhöhung der Würde, der Moralität und der durch Empathie getragenen Eigenständigkeit. Warum gibt es einen eigenen Willen und verspüren sich die verschiedensten Menschen in ihrem einmal kleiner oder einmal größer ausstrahlenden Wollen? Die Antwort auf diese Frage bedarf eines exakten Blickes in die geistige Welt. In einer früheren Zeit der Menschheitsentwicklung mussten verschiedenste Engel aus den geistigen Hierarchien absteigen und einen Weg einschlagen, damit die Erde Materie werde und eine Art sichtbares Bildnis der Wirklichkeit entstehe. Mit diesem Abstieg kam jene Dimension der Widersprüchlichkeit, die heute so schwer anmutet und viele Schmerzerfahrungen beinhaltet, in die Erscheinung. Den Anfang des Willens bildet deshalb die Erscheinung des sogenannten Bösen, des Ungereimten und Unerlösten. Aus diesen Kräften entspringt das Stoffwechselfeuer, das Begehren nach Liebe und Anerkennung und das Bewegtsein zum Wachsen. Gäbe es keine Widersprüchlichkeit, würde sich keine Willensäußerung offenbaren.

III

Eine spirituelle Schulung will alle abgespaltenen, egoistischen und egozentrischen Tendenzen des Menschen durch eine größere geistige Verantwortung transformieren. Es lebt wenig Substanz in der sogenannten Eigenmächtigkeit und Eigenwilligkeit. Wer in die nachtodliche geistige Welt blicken kann, bemerkt, dass alle Egoismen, die einem größeren gesamten Ziel ausweichen, Blockaden und trennende Schranken errichten. Sie sind wie Schatten oder wie undurchlässige Gemäuer. Diese astralen Erscheinungen schirmen nicht nur die Seele im Nachtodlichen von einer freudigen Wirklichkeit und lichten Dimension ab, sie verschatten sogar die Herzen der Menschen und bewirken die verschiedensten Schwächen in der innersten Aufrichtekraft. Der einzelne Mensch verfällt infolge von Schwäche den begrenzten Anschauungen, Wahrnehmungen und triebhaften Wünschen und demonstriert deshalb eine ständig wachsende Eigenwilligkeit. Diese innere moralische Substanzlosigkeit und mangelnde innere Seelenbewegung erscheint im Blick auf eine größere Gesamtheit und geistige Weltenordnung regelrecht kleinlich und lächerlich. Die Trennung, die jedoch durch diese astrale Wirklichkeit entsteht und sich vielfach in einseitigem Konsumverhalten ausdrückt, bewirkt eine wachsende Widersprüchlichkeit. Das Eigenwillige gewinnt ein illusionäres Aufrichten ohne geistiges Licht und ohne Würde.

IV

Es kann durch Übung und rhythmische Schulung ein wachsender universaler Wille mit seiner kosmischen Substanz in jeder menschlichen Seele zu einer größeren Verantwortung und weisheitsvollen Bewegtheit erkraften. Diese Bewegung ist nicht schattengeprägt, sondern lichtvoll. In einer letzten Konsequenz des Daseins muss sich jedes menschliche Wissen zu der Erkenntnis besinnen, dass die geistige Welt die kleinlich menschliche und schwache Eigenwilligkeit besiegen wird. Der Einzelne findet schließlich seinen Tod im Irdischen und geht zurück in die nachtodliche und in die geistige Welt. In dieser wird er mit der wirklichen Substanz seiner Seele und seiner inneren Kräfte vertraut. Er wird in dieser ein gültiges Seinsprinzip im Vergleich mit den wirklichen Substanzen des Aufgerichtetseins im Willen oder Aufgerichtetseins im Schaffen innerhalb eines größeren Ganzen erleben.

V

Die Vollendung des authentischen Einsseins mit der Entwicklung und die Notwendigkeit der Verantwortung über die Menschheit offenbart sich in den Bildern der lebendigen Gestalt des Christus. Der Wille ist nicht nur Selbsterhaltungstrieb, er dehnt sich aus, geht hinaus und erobert das Wohlwollen der ganzen Menschheit und deren Aufstieg. Obwohl der gewöhnliche einzelne Bürger sehr weit von der Dimension eines universalen nötigen Entwicklungsprozesses entfernt ist, ereilt ihn dennoch die höhere Wirklichkeit. Mit dem Tode und dem Absterben des physischen Leibes erlöschen für jeden Menschen die Möglichkeiten zur Eigenwilligkeit und die Seele geht in eine Wirklichkeit hinüber, in der die Gesetze des geistigen Wollens und Werdens wirksam sind. Nach dem Tode sind die lichten Dimensionen der universalen Werdeprozesse wie eine verbindende Kraft und die egozentrischen Tendenzen zeigen sich als trennende Mauern.

VI

Dieses Bild des christlich-geistigen Wirkens und des vollständigen Opfers spricht das Evangelium in vielen verschiedenen Erzählungen aus. Als beispielsweise der Christus seinen Jüngern darlegt, dass er nach Jerusalem gehen werde und dort viel Leiden erfahren muss, spricht Petrus in besonderer menschlicher Eigenwilligkeit und im egoistischen persönlichen Anspruch die folgenden Worte: *„Gott behüte dich, Herr! Dies wird dir keinesfalls widerfahren."* Er spricht Worte des sogenannten Gutmenschentums, die jedoch bei genauerem Blick gegen die geistige Gesetzmäßigkeit gerichtet sind. Es antwortet ihm der Christus erbost: *„Geh hinter mich, Satan! Du bist mir ein Anstoß, denn du sinnst nicht auf das, was Gottes, sondern auf das, was der Menschen ist."*[1] Der Eigenwille steigt im Menschen wie eine satanische Kraft empor, er ist in Wirklichkeit nicht Eigenwille, sondern Fremdwille, er ist das Verlangen nach einem untermenschlichen verhafteten Ziel, das das notwendige wahre Lebensziel, das eine besondere Persönlichkeit der Welt darbringen möchte, vereitelt. Der geistig-göttliche größere Wille in seinem Werden wird bei jedem Menschen einmal über das Fremde, das verbohrte und fixierte Eigenwillige siegen müssen.

VII

Im Allgemeinen leben die verschiedensten Menschen in unterschiedlichen Willensausrichtungen, die teils mehr die Universalität des Geistig-Göttlichen in sich tragen und somit ausstrahlende und bewegende Substanz besitzen, oder sie leben noch sehr in der kleinlichen, gespaltenen Körperlichkeit, die keine Substanz hervorhebt und Fremdes in der Eigenwilligkeit fixiert. All jene Gedanken, die eine nach den höheren Welten strebende Person tatsächlich bis in die tiefste Dimension des Handelns verwirklicht hat, werden zur inneren persönlichen Aufrichtekraft und zur Moralität. Sie bezeichnen den wahren Willen. Eine universale Bewusstheit, mit persönlicher Entschiedenheit ergriffen, erkraftet im individuellen menschlichen Dasein zur Substanz und sie drückt sich in einer wachsenden Reinheit des Willens aus. Der reine Wille trägt keine Spuren von persönlich-gemütshafter Eigenwilligkeit oder Fremdheit, er ist vielmehr mit den höchsten Seinsprinzipien verbunden und er wird immer aus seinem Zentrum eine Liebeskraft ausstrahlen. In diesem Sinne wird der Satz wahr, den Shankara gesprochen hat, dass *ātman*, der individuelle Wille, mit *brahman*, der geistigen Weisheit und Wahrheit, gleichzusetzen ist.

VIII

Die Hinwendung und Hingabe, die sehr vereinfacht in religiösen Kulthandlungen und darüber hinaus gegenüber besonderen, verwirklichten Persönlichkeiten erfolgt, stellt für den Menschen eine wachsende Anforderung dar, denn viele Erfahrungen zeigen, dass sich sehr häufig eigentümliche Abhängigkeitsverhältnisse mit emotionalen Bindungen entwickeln. Diese sind besonders durch Rituale und rituelle Verehrung möglich. Das Ziel der von mir gegründeten geistigen Schule soll in die Zukunft reichen und passive Rituale und zeremonielle Verehrungsrituale finden keinen Platz. Eine aktive und bewusste Auseinandersetzung, die in Respekt und würdevoller Achtung zu dem Lehrer und zu allen Menschen stattfindet, soll zum Kulturgut werden. Dieses Ziel ist gewagt. Meine Schule ist nicht begrenzt, denn sie lebt in den unterschiedlichsten Kontinenten. Dieses Ziel der größeren Verantwortung und Freiheit ist gewagt, denn es tritt im Leben auf und meidet Institutionierung. Ein Werdeprozess mit Idealen soll den Menschen zu Würde und Haltung befeuern, zu Aufrichtung seines Selbstes und gesunder Wahrnehmung des Anderen. Sektenhafte Nachfolge zu Personen, die eine besondere geistige Ausstrahlung besitzen, Verehrung zu Bildern und Kruzifixen ohne geeigneten Inhalt sind für eine gute Geistschulung nicht erstrebenswert.

Ich möchte keine rituelle Verehrung nach meinem Tode, denn sie wäre unsinnig, ablenkend und würde den Kern meines seelisch-geistigen Wirkens verschleiern. Die erste Willenssubstanzerkraftung, die jener leistet, der sich auf einen geistigen Schulungsweg begibt, ist die Aktivität der gesunden Wahrnehmung, der objektiven Beobachtung und des realen Studierens von Phänomenen, Themeninhalten und Gedanken. Die objektive Hinwendung entfacht die Substanz im wachsenden Maße zur Hingabe und stellt eine hohe Anforderung an die Willenstätigkeit des Menschen. Wird sie im objektiven Studium geübt, im Sinne eines sogenannten *bhakti-yoga*, eines Yoga, der in intensiver Hinwendung an eine Person zu geistigen Erkenntnissen gelangen möchte, muss der Einzelne sich selbst im gespaltenen, egoistischen Verlangen transformieren und objektiv das Ziel und den Quellgrund des Anderen wahrnehmen und studieren. Meine Person sollte deshalb studiert werden und dies ist nicht aus narzisstischen Gefühlen gesprochen, sondern aus fortschrittlicher Notwendigkeit. Die Herausforderung im Sinne von Hingabe und einer daraus resultierenden Erkenntnisforschung ist eine außerordentlich detaillierte Willensaktivität. Weder ein Zurückfallen in die eigenen Emotionen, noch ein ideologisches Ergreifen der von mir oder einer spirituellen Persönlichkeit kommenden Gedanken, Worte und Energien, beschreibt ein wahres *bhakti-yoga*, eine objektive beziehungsvolle Hinwendung. Jeder Yoga beinhaltet eine objektive, beziehungsvolle Hinwendung und keinen Konsum oder verstecktes Energieverlangen. Eine Stärke bewirkt ein wahres grenzüberschreitendes, anhaltendes bewusstes Erforschen der Wirklichkeit, die eine Spiritualität in einer Person ausdrückt. *Bhakti-yoga* stellt die höchste Transformationsarbeit des Willens dar und überschreitet die Grenzen des Gebundenseins im Leib. Hingabe entflammt in feinsten entzückenden Sonnenstrahlen aus dem Geiste selbst.

IX

Das Bild über die Besitztümer, die nur für die irdische Welt gelten und nicht in die jenseitige, nachtodliche mit hinüber genommen werden können, lässt sich wohl für jeden Menschen leicht denken.[2] Zur Erde gehören die irdischen Güter und zum geistigen Reich sind alle Tugenden und real geschaffenen, höheren Werte zu rechnen. Als die Pharisäer den Jesus Christus versuchten und ihn fragten, ob Steuerzahlen rechtens sei, zeigte er ihnen eine Münze und fragte, welches Bild auf dieser sei. Es war das Bild des Kaisers. Jesus sprach zu ihnen, dass sie all jenes, das des Kaisers sei, ihm geben sollen. *„So gebt dem Kaiser, was des Kaisers ist, und Gott, was Gottes ist!"*[3]

Eine erste Reinheit im Willen beginnt im Denken dieser unterschiedlichen beiden Wirklichkeiten; diejenige, die zur Erde und ihren vielen Anhaftungsprinzipien gehört, die gänzlich im Gegensatz zu der geistigen Welt existiert, jener Welt der unermesslichen Verpflichtung und gleichzeitigen Verhaftungslosigkeit. Aus diesem Grunde ist es eine hohe Anforderung für jeden Menschen, nicht nur nach den Prinzipien dieser unterscheidenden Denktätigkeit theoretisch zu leben, sondern diese sind praktisch bis in die Tiefe des Handelns zu führen. Ein Besitzdenken ist für jenen, der auf ernste Weise die Wirklichkeit des Geistes erstrebt, nicht mehr sehr leicht haltbar. Der Besitz ist nur ein kleiner Teil des Menschen, den er pflegen kann. Er dient seinem irdischen Leben. Der Mut, die Verpflichtung im Geiste zur Entwicklung höchster Ideale zu denken, erscheint wie ein Ablegen aller Schutzkleider und einem beginnenden Gehen auf dem Wasser.[4] Gibt es einen Gedanken? Sind die Gedanken real? Ja, wenn sie real und wahr sind, dann ist die Wirklichkeit des Geistes unmittelbar gegeben.

Mit diesem Vergleich kann man mutigerweise sagen, dass gerade dasjenige, was das Gemüt gewohnheitsmäßig tut, sich meist im verhafteten Anteil des Astralleibes bewegt und nun eine Überwindung der leibinternen Emotionen und der wohlbekannten Ambitionen, die im eigenmächtigen Willen aufgespeichert sind, für den Fortschritt geleistet werden muss. Diese Strenge ist für die Dauer und Ernsthaftigkeit einer spirituellen Entwicklung nötig, denn, wenn sie nicht geleistet wird, erscheint es allzu häufig, dass das gewöhnliche personale Leben in den alten Begehrensformen haften bleibt und die Ideen und Möglichkeiten, die die geistige Verwirklichung bietet, nur als bequeme Zusätze für dieses bisherige Leben gelten. Wie wahr ist ein Gedanke, wie wahr ist der Geist wirklich? Die wirkliche Willensanforderung, die Substanz erzeugt, bedeutet nichts anderes, als einen Gedanken zum Ideal zu denken, in diesen das Vertrauen der Verwirklichungsarbeit zu richten und manche Sicherheiten mit ihren Verhaftungen zu überwinden. Auf einen Gedanken zu vertrauen, der geistig wahr und real ist und heute noch nicht wirklich ist, aber morgen zur Verwirklichung kommen kann, bedeutet so viel, wie auf dem Wasser zu gehen.

X

Eine Reinheit erscheint im Handeln, in Worten und in Gedanken, wenn diese in tiefer Beziehung zu einer tatsächlichen universal gültigen Wirklichkeit stehen. Der menschliche Wille will sehr tief in die irdischen Geheimnisse vordringen und diese verstehend begreifen. Die Intensität einer Auseinandersetzung mit spirituellen Inhalten, die so lange gedacht werden, bis sie im gewöhnlichen Leben auf natürliche Weise anwendbar sind, erschafft eine große Reinheit in der Seele des Menschen. Es steigert sich die Substanzkraft zu Moralität und zur weit gefassten Handlungsinitiative. Die Hände berühren die Erde, sie ertasten diese, sie arbeiten und dennoch drängt das besitzergreifende und triebhafte Wollen nicht zum gewohnten, bindenden Einsatz. Wie ist das vorstellbar? Der einzelne Mensch lebt und arbeitet mit den irdischen Verrichtungen bei gleichzeitiger geistiger Freiheit. Es entsteht eine Berührung ohne berührende Verhaftung. Dieses Geheimnis, das im Werdeprozess der Entwicklung zutiefst verborgen ist und durch den Christus offenbart ist, kann durch ausdauernde Übung und Auseinandersetzung entsiegelt werden. Aus diesem Grunde ist es wichtig, dass man meine *āsana*-Übung studiert, denn ich handle in Dynamik und bleibe dennoch frei von einer körperlichen Verhaftung.

XI

Die Reinheit im Willen bedeutet in ihrer letzten Konsequenz eine Freiheit von Verhaftungen, Abhängigkeiten und an den Körper gebundenen Trieben. Die größte Freiheit und vorzüglichste Willenserkraftung entflammt, und es ist wirklich nach dem Wesen eine Art Entflammen, wenn der einzelne Mensch Ungerechtigkeit, Ausgrenzung und Beleidigungen ertragen muss und gleichzeitig Lernschritte zur Entwicklung und zu einer besten Moralität aufrichtet. Das Bild des Blitzes versinnbildlicht eine Naturerscheinung, die jedoch auf natürliche Weise auf den Menschen übertragen werden kann. In der Willensregion arbeiten die sogenannten archäischen Geister, die Urbildekräfte, die, wie Rudolf Steiner sagte, wie ein Blitz am Himmel ihren Leib demonstrieren. Ein Gewitter reinigt die Atmosphäre von äußeren Spannungen, sodass die gesamte Erde, die Luftbewegungen und die Lebewesen zu einer Ruhe gelangen. Die Blitze zwingen das aufsteigende, spannungsgeladene, unruhige atmosphärische Treiben zu einem Abstieg, sodass die Erde wieder ihre natürliche friedvolle Stimmung gewinnt. Die Archai nehmen aber mit dieser Bewegung für die geistige Welt eine Essenz aus der Atmosphäre, die sie zur Liebeserkraftung für den Menschen verfügbar machen wollen. Frieden und Liebe zeigen sich, wenn die unruhigen Begehrensgelüste zur Erde und zum Schweigen zurückkehren und das Bewusstsein in klarer Entschiedenheit moralische Grundsätze zu fassen vermag. Die Reinheit im Willen entwickelt sich durch die sanfte Trennung des übergeordneten Geistes, der sich von den aufsteigenden und genusssüchtigen Begehrensmächten einer geordneten und reineren Region hingibt. Nicht, dass die Erde und der

Geist getrennt wären und keine Dimension zu der anderen eine Beziehung hätte, sie treten sogar durch die Ordnung der moralischen Erkraftung des menschlichen Bewusstseins mehr in ein Miteinander. Die Erde und das menschliche Bedürfnisleben bleiben jedoch ihren eigenen Regionen treu und der Geist überstrahlt, durchstrahlt und erstrahlt das menschliche Antlitz und alle Sinnesbewegungen.

XII

Der Wille will Weltenwille werden und sich aus seinem kleinlichen engen Gefängnis im Leibe befreien. Die Urbildekräfte, die Archai, überspannen den gesamten Kosmos und Rudolf Steiner benennt sie als die Zeitgeister, die die verschiedensten großen Entwicklungsepochen lenken. Diese Geister wirken tatsächlich wie Blitze und wollen das Begehren zur Erde richten und den Menschen in seiner gesamten Bewusstheit und Bewusstseinskraft zu einem Handeln führen, das in Liebe und Moralität jegliche kleine Natur des äußeren Verlangens zur Relativität erklärt. Eine Berührung ohne verhaftende Forderung lässt Liebe entflammen. Die Liebe, die in einem reinen Willen liegt, ist souverän und sie ist nicht mehr ein Besitztum eines Individuums, sie ist vielmehr eine Weltenkraft, die das individuelle Dasein mit einer Feuerflamme der Universalität und des Geistes erhebt.

XIII

In der östlichen Disziplin des Yoga gibt es die sogenannte *kuṇḍalinī śakti*,[5] die große Kraft, die im Zentralkanal der Wirbelsäule von unten nach oben aufsteigen kann. Nach der Lehre der sieben Chakren tritt sie aus dem untersten Chakra in den Wirbelkanal über, durchflutet die gesamte innere Substanz des Nervensystems und erleuchtet das siebte Chakra, das oberhalb des Scheitels lokalisiert wird. Den untersten Pol oder Erdenpol, aus dem die *kuṇḍalinī*, die Schlangenkraft, hochsteigt, benennt der Yoga mit dem weiblichen Pol und das Scheitelzentrum mit *śiva*, dem männlichen Pol. Eine Erfahrung eines teilweisen Aufsteigens dieser *kuṇḍalinī*-Kraft wird grundsätzlich mit Feuer und höchsten zentrifugalen ausströmenden Kräften erlebt. Es ist Macht und Kraft. Die *kuṇḍalinī* ist wie eine innere große Quelle, die wie ein Blitz erstaunlichste Mächte hervorbringt.

Wer diese *kuṇḍalinī*-Kraft entwickeln möchte, sollte dies nicht unbedingt mit reiner technischer Übung provozieren, sondern er sollte höchste moralische Qualitäten erstreben und spirituelle Gedanken ganz zu seinem individuellen Dasein entwickeln. Langsam substantiiert sich in der Wirbelsäule durch diese seelisch-geistige Entwicklung die hohe Dimension, die den Nervenkanal belebt und ganz neue, sogenannte Lebensätherkräfte im Inneren zum Aufsteigen und zum Fließen führt. Ein verwirklichter Gedanke, der ganz durch Erkenntnis das Individuum durchdringt, wird zur reinen und souveränen, unverhafteten Willenskraft.

In dieser Dimension arbeiten die Kräfte der Archai und die Verwirklichung eines Gedankens aus der Universalität bis hin zur individuellen Souveränität stellt einen Akt der Liebe dar und offenbart schließlich aus dem menschlichen Dasein eine unmittelbare Liebesausstrahlung. Der Wille wird rein und der Körper beginnt die Schönheit, Stärke und diamantklare Qualität zu äußern.

XIV

Ich selbst habe in meinem Leben jene Disziplin erlernt, das Wesentliche vom Unwesentlichen, das Essentielle von der Nichtigkeit und schließlich das Eigene von dem Fremden zu unterscheiden. Der äußere Besitz erscheint mir für die Lebenszeit nicht sehr attraktiv, denn es ist ein Fremdes, das Beschwernisse und ein zu großes Abhängigsein für das irdische Leben bewirkt. Das Eigene ist für mich die Treue zu den besten Entwicklungsfragen und die Beharrlichkeit, vorgenommene Ziele so lange zu verfolgen, bis sie in ihrem Ideal erstrahlen. Würde ich für mich selbst meinen rein persönlichen Erfolg leben, wäre ich von Fremdheit bestimmt und das Bewusstsein für die Urbildekräfte, für die Archai, wäre gänzlich unzugänglich.

Die Substanz, die in meinem Willen lebt, entwickelt sich aus der Fähigkeit, niedrige Stufen in höhere zu verwandeln und eine Heilkraft für die Zukunft bereitzustellen. Das Böse ist für diese Entwicklung ein treuer Wegbegleiter, dem ich unerlässlich in die Augen schauen muss. Würde ich das Böse nicht anschauen, könnten keine Ideale in mir auferstehen. Die Fähigkeit zur Hingabe lebt in mir, sie ist ein authentischer Teil meines Selbstes und deshalb mache ich mich sehr oft unbeliebt, da ich mit meiner Willenssubstanz, die aus der Mitte meines Körpers erstrahlt, reinigend und erlösend auf meine Nächsten wirke. Durch mich erleben viele eine Art Tempelreinigung[6] im Sinne einer Durchgestaltung ihres Leibes, der, wie das Evangelium sagt, oftmals wie eine Räuberhöhle war und nun zu einem ersten kristallinen Strahlen gebracht wird. Nicht der äußere Tempel wird durch mich gereinigt, sondern der Leib mit seinen Gliedern. Die Bedeutung spricht ebenfalls die Evangelienstelle der Tempelreinigung in Matthäus aus. Es ist die christlich-geistige Substanz, die transformierend wirkt und den Tempel des Leibes von der Räuberhöhle zu einem Meditationsinstrument ausgestaltet. Nicht dass ich der Christus wäre, nein, keinesfalls, aber es ist die christlich-geistige Kraft, die ich kenne und im urbildlichen Sinne durch mich selbst ausdrücken kann.

---

1) Mt 16,21-28: „Von der Zeit an begann Jesus seinen Jüngern zu zeigen, dass er nach Jerusalem hingehen müsse und von den Ältesten und Hohenpriestern und Schriftgelehrten vieles leiden und getötet und am dritten Tage auferweckt werden müsse. Und Petrus nahm ihn beiseite und fing an, ihn zu tadeln, indem er sagte: (Gott) behüte dich, Herr! Dies wird dir nicht widerfahren. Er aber wandte sich um und sprach zu Petrus: Geh hinter mich, Satan! Du bist mir ein Ärgernis, denn du sinnst nicht auf das, was Gottes, sondern auf das, was der Menschen ist."

2) siehe S. 171

3) Mt 22,15-22: Die Frage nach der Steuer

4) Mt 14,28-29: „Petrus aber antwortete ihm und sprach: Herr, wenn du es bist, so befiehl mir, auf dem Wasser zu dir zu kommen. Er aber sprach: Komm! Und Petrus stieg aus dem Schiff und ging auf dem Wasser, um zu Jesus zu kommen."

5) Vergleichsweise zu *kuṇḍalinī śakti:* Die klassische Technik des Yoga mit *prāṇāyāma* übt eine starke Zentrierung auf die energetischen Abläufe in der Wirbelsäule aus und will jene aufsteigenden Kräfte des sogenannten Lebensäthers stimulieren. Im Allgemeinen sind jedoch diese reinen Techniken nicht einfach praktizierbar und ganz besonders für laienhafte Verhältnisse keinesfalls zu empfehlen. Eine sehr große Kraft für ein längeres Halten des Bewusstseins in vollkommener Ruhe müsste immer als erste Instanz ausgeprägt werden. Vor dem dreißigsten Lebensjahr sollte man keinesfalls *kuṇḍalinī*- ähnliche Übungen praktizieren.

Kāma ist der Begriff für Begehren, für alles Wünschen und Wollen um des persönlichen Bedarfes. Grundsätzlich sind Wünsche für das Leben wichtig, denn sie stellen eine Grundlage für den Willen dar. Das begehrende Wünschen wird allgemein nach der Yogaphilosophie sublimiert und durch höhere Zielorientierungen zum Geiste ersetzt. Eine Willensschulung könnte jedoch nicht allein von Sublimierungen ausgehen, sondern von größeren Transformierungen. Der allgemeine Wunsch nach Leben, Geliebtwerden, nach Anerkennung und persönlicher Unversehrtheit bedarf eines großen und hohen Zielbewusstseins für Werte, die die gebundene Sphäre des Verlangens übersteigen und einen universalen Wert für die Menschheit geben. Das *kāma*, das Begehren wird schließlich zu einer großen Antriebskraft und durch Weisheit, *jñāna*, transformiert.

6) Joh 2,15-16: „Und er machte eine Geißel aus Stricken und er trieb sie alle zum Tempel hinaus, auch die Schafe und die Ochsen; und die Münzen der Wechsler schüttete er aus und die Tische warf er um; und zu den Taubenverkäufern sprach er: Nehmt dies weg von hier; macht nicht das Haus meines Vaters zu einem Kaufhaus!"

Die Bitte in Gott

I

Das Gebet war früher keinesfalls ein persönliches Bitten für das irdische Wohlergehen und für ein zufriedenes Dasein. Vielmehr war es ein Zwiegespräch mit der geistigen Welt, das sich auf schauende, hörende und sensitiv wahrnehmende Weise entfaltete. Der Wille der geistigen Wirklichkeit beginnt sich durch das Gebet zu offenbaren und die irdische weltliche Bedürftigkeit darf hierfür keine Rolle einnehmen. Nun könnte man dieses Zwiegespräch mit der geistigen Welt und ihren Wesenheiten sowohl mit der Bezeichnung Gebet als auch mit Meditation benennen. Der persönliche Wunsch nach einem angenehmen, gesunden und guten Leben muss infolge der begrenzenden Körperlichkeit, in der er urständet, zurückweichen. Die geistige Welt achtet auf den Menschen und es sind die Engel, die das jeweilige individuelle Dasein beschützen, es in einen größeren Zusammenhang eingliedern und mit der tiefen Empfindung von Liebe erfüllen.

II

Die Aussage „Die Bitte in Gott“[1] beschreibt die höhere Wirklichkeit und ihre Intentionen. Die Bitte liegt in der geistigen Welt und übersteigt das menschliche Begehren. Liegt das Zentrum des Bittens in der Angst vor Tod, Verlust, Krankheit und Elend, bindet sich der Mensch durch dieses Bitten zu sehr an das sterbliche begrenzte Dasein seiner Psyche und des Körpers. Klettert das Bewusstsein jedoch auf jene Ebenen empor, in denen es die geistigen Intentionen erkennt, entwickelt sich eine wirkliche Meditation oder ein offenbarendes, geheimnisvolles Lauschen gegenüber den wahrnehmbaren geistigen Möglichkeiten. Der einzelne Mensch muss sich im Gebet deshalb tatsächlich von sich selbst befreien und eine Fragestellung nach den wirklichen geistigen Intentionen entwickeln. Die persönliche und körperliche Ebene darf für diese hohe und edle Disziplin keine Behinderung darstellen.

III

Der Satz im Evangelium *„Alles dasjenige, das ihr im Gebet begehret, wird euch gegeben werden.“* bezieht sich auf ein geläutertes Willensverhältnis, das sich nicht mit den persönlichen Begehrensumständen aufhält, sondern um ein größeres gesamtes Ziel bemüht ist. Ebenfalls ist die Aussage *„Bittet und es wird Euch* *gegeben werden.*“[2] frei von der persönlichen Sphäre und sogar frei von allen Abhängigkeitsverhältnissen zu werten. Wenn man nur für seinen Nächsten betet, ohne die geistige Welt zu kennen, erschaffen sich begrenzende Horizonte. „Sehet und es wird euch gegeben werden." ist für diese Evangelienaussage der Bergpredigt trefflicher. Jene Menschen, die im frühchristlichen Zeitalter eine Bitte ausrichteten, erhoben ihre Augen zum Sehen der geistigen Welt und wenn sie in Reinheit des Bewusstseins sahen, erhielten sie Antwort und Erfüllung. Wäre der Begriff „Bitten" ohne „Sehen" für jedes menschliche Bedürfnis im Evangelium niedergeschrieben, müsste die christliche Religion von einem Gottesbild ausgehen, das die höhere Wirklichkeit der Transzendenz und der großen Möglichkeiten zur Transformation egoistisch benützen könnte und niemals eine größere Leistung erbringt. In wahren Gebeten und Meditationen leuchten die Absichten der geistigen Welt schauend und gegenwärtig, während die irdischen, kleingläubigen Bitten in Lächerlichkeit zurückfallen. Es ist tatsächlich die geistige Welt, die einen Gedanken mit erwartender Intention an den Menschen richtet. Unsinnig ist es, eine persönliche Bitte für sich selbst oder für die Allernächsten an die geistige Welt zu richten und ohne zu schauen, ohne zu erkennen, diese schließlich in ihrer Souveränität und Freiheit für seine eigene Illusion vermeintlicherweise gebrauchen zu wollen.

IV

Die Bescheidenheit ist eine Eigenschaft der Seele, die für ein Zwiegespräch mit der geistigen Welt unabdingbar ist. Welche Intentionen leben und erstrahlen in der höheren Wirklichkeit und warten auf ihre Entdeckung durch den Menschen? Wäre diese Bescheidenheit nicht an allem Anfang einer Meditation oder eines Gebetes, könnte keine wirkliche Wahrnehmung, keine schauende Beobachtung, Ruhe und unterscheidende Aufmerksamkeit von der persönlichen zur überpersönlichen Ebene erfolgen. Der Schlüssel zum Gebet liegt im erhobenen Antlitz, das sich frei vom Körper und all seinen Begehrenstrieben durch die natürliche Ordnung der Bescheidenheit ausdrückt. Die Anhaftungen und Begehrensmächte, die ungesehen aus dem Körper aufsteigen, stellen ein großes Hindernis für jegliche Meditation, Kontemplation und Gebet dar. Sie verfinstern die schauenden Augen und verhindern eine wachwerdende Haltung mit wissender Ahnung zur Wirklichkeit des Geistes. Der Meditierende wird relativ gelassen und der Horizont eines Größeren kann sich langsam für das menschliche Bewusstsein aussprechen. Die Bitten, die sehr an das persönliche, irdische Anliegen gerichtet sind, verschleiern förmlich die Augen des Individuums und nicht nur diese, sondern sie verfinstern die geistige Wirklichkeit und führen im menschlichen Dasein zu ungesehenen und doch gegebenen Gefühlen der Hybris. Jener, der die geistige Welt mit dem Begriff Gott in seinen Gebeten benützt, ohne zu erkennen und die Augen zur höheren Wahrnehmung auszurichten, erscheint vielleicht für die Mitmenschen besonders demütig, religiös und gewaltlos, in Wirklichkeit seiner tieferen Seelensituation lebt er häufig in einer Illusion oder sogar in einem eitlen, überheblichen Stolz.

V

Es sind die sogenannten Versuchermächte, die Rudolf Steiner mit der ahrimanischen Wesenheit im Sinne der Weltverhaftung und mit der luziferischen Wesenheit im Sinne der abgespaltenen, weltenflüchtigen Einstellung charakterisiert. Beide Versuchermächte, auch wenn sie unterschiedliche Richtungstendenzen für die Seele determinieren, führen zu einer Anhaftung des Bewusstseins an den Körper und an das irdische Wohlergehen. Mit dem Gebet sollte man deshalb nicht in die heimtückische Falle tappen und einen unsichtbaren Gott für sich beanspruchen und Weisheit mit einem Bedürfnis des leiblichen Wohls verwechseln. Derjenige, der meditiert oder das Zwiegespräch mit der geistigen Welt sucht, will die Intention dieser erleben und sie für ein größeres gesamtes Handeln in einen Ausdruck führen. Er will die Weisheit der geistigen Welten nicht nach unten führen, sondern ganz im Gegenteil ihr in einen größeren Ausdruck verleihen. Die Weisheit erhebt sich, nicht das Begehren. Je reiner diese Absichten durch Schulung, Unterscheidungsbildung und wiederholte Bemühung erfolgen, desto mehr und unmerklicher öffnet sich das versiegelte enge Tor, das tatsächlich, wie es das Evangelium ausdrückt, zum Leben führt. Der breite Weg, der ins Verderben hinabgleitet, beginnt sich der Relativität zu beugen.

VI

Die meisten Gedanken sind in Wirklichkeit noch nicht Gedanken, sondern sie sind vielmehr heimliche Begehrensabsichten des Leibes. Diese gilt es um der wirklichen geistigen Dimension willen, die in einem reinen und universal gültigen Gedanken urständet, zu überwinden. Die menschliche Seele sucht diese geistige Absicht und hasst in Wirklichkeit die vielen Projektionen des Verstandes, Assoziationen des Gemütes und Begehrenswünsche, die das innere, tiefere, werdende Entwicklungspotential negieren. In der Bitte in Gott erlebt der Einzelne einen reinen Gedanken, der sich zur Seele ausspricht, diese erhebt und eine Liebesoffenbarung gleich dem christlichen Geistesleben in die menschliche Wahrnehmung hereinträgt.

VII

Meine Bitte wird im Geiste erfüllt und dies ab jenem Moment, ab dem ich die geistige Welt erschaue und ihre logische Wirkungsdimension, die im Verborgenen ist, real erlebe. Viele Heilungen erwachten aus diesem Schauen, indem sich ein ehrliches Bedürfnis von meiner eigenen Persönlichkeit mit der realen geistigen Dimension im Wahrnehmen der höheren Absichten verband. Die Erkenntnis der geistigen Welten und ihrer geheimnisvollen Entwicklungsbewegungen führt zur Erfüllung der wirklichen Wünsche. Das Leben offenbart sich im Antlitz der schauenden Wahrnehmungen und das Begehren, das häufig auf verzweifelte Weise am Leibe festklammert, weicht diesem heiteren seligen auflebenden Licht, das in der wahren Bitte oder im Gedanken der geistigen Welt selbst liegt.

---

1) siehe S. 174

2) Mt 7,7-11: „Bittet, und es wird euch gegeben werden; sucht, und ihr werdet finden; klopft an, und es wird euch aufgetan werden. Denn jeder Bittende empfängt, und der Suchende findet, und dem Anklopfenden wird aufgetan werden. Oder welcher Mensch ist unter euch, der, wenn sein Sohn ihn um ein Brot bittet, ihm einen Stein geben wird? Und wenn er um einen Fisch bittet, wird er ihm eine Schlange geben? Wenn nun ihr, die ihr böse seid, euren Kindern gute Gaben zu geben wisst, wieviel mehr wird euer Vater, der in den Himmeln ist, Gutes geben denen, die ihn bitten!"

Meditationen zu den Körperübungen

Eine Übung in dieser Yogapraxis übersteigt das allgemeine Üben und gewinnt den Ausdruck des Künstlerischen.

Die Bilder zu den verschiedenen Stellungen beschreiben weniger die technische Ausführung, sondern sie demonstrieren die Lebendigkeit des Geistes mit seiner Schöpferkraft, der über die Seele inhaltlich den Körper belebt und der wiederum seinen spezifischen Ausdruck der Schönheit offenbart.

Die jeweils am Anfang dargelegten Bilder entstammen aus den Jahren bis 1991 und beschreiben mehr eine Praxis, die ganz aus der Empfindung, oder sogar trefflicher ausgedrückt, aus der Empfindungsseele motiviert war.

Die nachfolgenden Fotos wurden alle im Jahre 2022, einunddreißig Jahre später, aufgenommen und verdeutlichen einen Ausdruck, wie der gewählte und verwirklichte Gedanke erneut die Form und Gestaltung der einzelnen Übung bewegen kann.

Padmāsana - Der Lotus

Der Lotus beschreibt ein tiefes Verbundensein mit der Erde und gleichzeitig eine Möglichkeit des Bewusstseins, das sich durch die Geschlossenheit und Festigkeit der Position leichter vom Körper frei entfalten lässt. In dieser Haltung drückt sich eine intensive Zentrierung und Geschlossenheit aus, bei einer gleichzeitigen anspruchsvoll erhobenen Rückgrat- und Hauptespartie. Die Lotusblume wächst aus dem Wasser, gedeiht aus dem tiefen Schlamm und führt ihre Blüte auf die Wasseroberfläche dem Licht entgegen. Der Übende kann in dieser Position leichter die Meditation oder Konzentration seines Bewusstseins halten, denn sein Körper bleibt ruhig. Die Glieder fühlen sich mehr der Erde zugehörig, während die wachen Bewusstseinsströme für eine reine Gedankenebene offen sind.

Jener, der die Gelenkigkeit in den Hüften besitzt und somit ohne Anstrengung für einige Zeit in *padmāsana* meditieren kann, spürt eine angenehme Ruhe und einen natürlichen Frieden, der aus der Zentrierung der Energien, die verstärkt an der Wirbelsäule entlangfließen, entsteht. Wenn in der Anthroposophie gesagt wird, dass man auf einem Stuhl meditieren müsse und die Fußsohlen nach unten und nicht nach oben gelegt werden sollen, darf man wohl diese Bemerkung als unsinnig werten. Im Lotus, wer ihn wirklich beherrscht, überwiegt kein erdenfernes Bewusstsein, wie es Kritiker behaupten, vielmehr fühlt sich der Übende mit dem Körper mehr mit dem Boden verbunden und gerade durch dieses Fühlen des Verbundenseins auf körperlicher Ebene mit dem Boden fällt es ihm leichter, das Bewusstsein in eine freie Konzentration aufzurichten.

Wenn ich nach einunddreißig Jahren das Bild über meine eigene Lotusstellung betrachte, fällt mir die damalige Mittelpunktstellung des Herzens auf. Je mehr tatsächlich das Gefühl des freien, bewegten Bewusstseins und des zur Erde gehörenden Körpers entsteht, desto leichter entfalten sich Erkenntnisse über die Wirklichkeit der geistigen Welt. Je mehr sich Erkenntnisse über die geistige Welt entfalten und je mehr diese in eine Ausarbeitung gelangen, desto geordneter, erbauender, zentrierter und lebendiger wird das Herzzentrum.

Die folgenden Fotos beschreiben den halben Lotus und noch einmal den ganzen Lotus mit einer stärkeren Betonung des Hauptes bei gleichzeitiger Mitte im Herzen.

Sarvāṅgāsana – Der Schulterstand

Sarvāṅgāsana heißt übersetzt „die Stellung aller Glieder". Unter den *āsana,* die in ihrer Zahl sehr viele sind, bedeutet der Schulterstand etwa so viel wie die Rose unter den Blumen. Die Rose mit ihrer herrlichen, roten Blüte ist das Sinnbild für die reine, gebende Nächstenliebe. Diese reine Nächstenliebe überwindet das Leiden in der Welt. Die Blüte ist ein Ausdruck für Schönheit und Reinheit. Die Dornen am Rosenstrauch bezeichnen das schmerzliche, weltliche Leben im Zeichen der Selbstversunkenheit und Selbstverhaftung. Wie die Blüte sich über das Blattwerk erhebt und sich dem Lichte öffnet, so erhebt sich auch der Schulterstand auf subtile, ätherisch schwebende Weise vom Boden empor in die vertikale Linie. Wenn man nach jahrelanger Übung den Schulterstand einmal wirklich beherrscht, so bleibt die Ausführung leicht und frei von Willensanstrengung. In stiller Unbewegtheit ruht der Körper auf den Armen und Schultern und bewahrt seinen leisen Atem. Diese von Anstrengung so freie und doch dynamische Ausführung vermittelt eine Empfindung von Ruhe und Gleichmut. Alle Körperteile befinden sich in aktivem Einsatz und werden lebendig von feinstofflicher Energie durchströmt. Das Herz nimmt aber die Mitte ein und rückt leise mit seinem Frieden in das Bewusstsein. Der Körper formt sich zu einem stillen Gefäß, gleich einem geöffneten Blütenkelch, der ein Ausdruck wiederum für das Bewusstseinsleben ist, das sich inmitten des inneren Herzens gebiert.

Wenn ich mir heute nach einunddreißig Jahren die Frage stelle, warum es mir möglich ist, eine Bewegung zu tätigen und dennoch frei vom Körper zu bleiben, dann würde ich es mit den einfachen Worten erklären, dass ich über den Gedanken und über die Vorstellungsbildung zu dieser Übung eine tiefgreifende Empfindung ausgeprägt habe, die nun einen inneren Teil meines Bewusstseins beseelt und im Ätherleib eine außerordentlich schöne Dynamik von frei sich entfaltenden, aufsteigenden Kräften schenkt. In dieser Kunst der Praxis, die vor allem auf einer intensiven spirituellen Auseinandersetzung gegründet ist, konnte ich viele Gedanken von Rudolf Steiner verinnerlichen und sie zu einem Teil meiner Seele werden lassen. Die schöne Kunst, damit sie nicht aus der Materie lediglich durch Training erfolgt, sondern durch gedankliche und geistige Arbeit, die von oben oder von einem höheren Seelenreich hinzukommt und die Materie belebt, bereichert und alles Bisherige veredelt, würde nicht entstehen, wenn es nicht Personen gäbe, die aus dem geistigen nachtodlichen Dasein den Menschen diese Fähigkeiten entgegenbringen würden. Rudolf Steiner ist für mich die Inspirationsquelle, so eigenartig es für anthroposophische Dogmen klingen mag, für die *āsana*-Praxis. Sie ist die Seele im Ausdruck meiner *āsana.*

Halāsana – Der Pflug

In früheren Zeiten, als es noch keine Traktoren und vollautomatischen Maschinen gab, legte der Landmann seine Hände selbst an die Gabeln des Pfluges und drückte somit diesen fest in die Erde. Tief wurde der Boden umgewälzt, damit die Saat eine neue fruchtbare Erde findet. Nachdem er so im Schweiße seines Angesichts mit ganzem körperlichen Einsatz das Feld umgepflügt hatte, ging er nach Hause und war wirklich müde von der Arbeit. Welch ein großartiges Werk verrichtet der Mensch, indem er diese tiefen Furchen in die Erde reißt. Äußerlich schafft er durch seine Arbeit einen neuen fruchtbaren Boden, und innerlich opfert er sein Leben, das einen Hauch von Geisteskraft besitzt, dieser Erde. Durch die Arbeit vergeistigt er die Erde. Mit jeder Furche, die er in die Erde hineinreißt, opfert er sein eigenes Leben aus Fleisch und Blut. Gleichzeitig findet aber das Mysterium der Verwandlung statt. Die Arbeit ist ein Opferdienst, eine Hingabe und eine Berührung. Die Arbeit schenkt ihm eine Zufriedenheit im Erdendasein und, wenn er sie mit einem großen Ideal verwirklicht, einen seligen Lohn im himmlischen Dasein. In früheren Zeiten schätzten die Menschen die Arbeit, denn sie wussten, dass sich in dieser ein innigliches Mysterium vollzieht. Wenn wir nun den Pflug ausführen, werden wir uns dieser Möglichkeit der Gestaltung der Materie und der daraus wachsenden Verwandlung der Stofflichkeit bewusst.

In der Ausführung des Pfluges, wie ich ihn praktiziere, lässt sich eine Bewusstseinsorientierung, die bis in alle Details des Körpers vordringt, erkennen. Nicht nur Flexibilität und Training werden sichtbar, sondern durchdringende Kräfte, die wie vom Kosmos kommend den Körper bis in das Zellsystem und bis in alle Anteile der Glieder erobern. Auf diese Weise wird der Pflug mit Seele belebt, weil das Licht der Gedanken bis in die einzelnen Partikel des Körpers getragen wird.

Für mich war es seit dem Anfang meiner Praxis wichtig, dass die Gedanken, die in der seelisch-geistigen Entwicklung herangebildet werden, bis in den Körper und in das Lebenswerk hinein sichtbar werden. Aus diesem Grunde ist eine *āsana* eine stille Geschichte mit einem lebendigen Geistinhalt. Wenn ich den Begriff der Verwandlung gebrauche, will ich diese im Bilde der Ausführung authentisch ausdrücken. Die folgenden Fotos, die im Jahre 2022 aufgenommen wurden, zeigen den Pflug mit mehreren relativ anspruchsvollen Variationen. Die Lotuspflugvariation ist eine sehr schwierige *āsana*.

Uṣṭrāsana – Das Kamel

Jede einzelne *āsana* erfordert zur Ausführung einen spezifischen Willenseinsatz. In unserer westlichen Kultur führt man meist die *āsana* auf eine entweder vitale und körperbezogene Weise oder auf eine Art von psychologischer Bewusstwerdung aus. Die Ansätze mögen sehr verschieden sein und sie mögen sich auch auf sehr unterschiedliche Zielsetzungen ausrichten. Die *āsana*, wie sie hier gebraucht wird, soll mehr eine Synthese von einem idealen Gedanken, der sich über den Körper ausdrückt, beinhalten. Sie ist ein Opferdienst oder eine künstlerische Übung oder auch eine Ehrerbietung in unmittelbarer Teilhabe am Leben.

Im Kamel besteht, wie das Bild der Übung zeigt, eine angenehme, sympathische Offenheit. Diese Offenheit, die körperlich und psychisch erlebt wird, bewirkt immer eine Freude und eine natürliche Empfindung von einem Zurückweichen des aufdringlichen Körpers. Die Offenheit als Gestikulation äußert weiterhin eine angenehme Schönheit in der Welt, denn sie ist geistig gesehen wie ein kurzes Gewahrsein einer Wirklichkeit, die im besten Sinne als kosmische bezeichnet werden kann.

In diesem älteren Bild des Kamels lässt sich sehr leicht die empfindungsvolle Dynamik erkennen, die noch nicht ausreichend von einem gezielten, konzentrierten Gedanken gesteuert ist. Diese Empfindungen zeigen sich in der Mitte des Körpers, während das Haupt mehr teilnehmend am Genuss der möglichen Bewegung bleibt. Es steuert noch nicht die ganze Stellung.

Reifer wird nun der Ausdruck im nächstfolgenden Bild, wenn das Haupt die Bewegung bis in die Empfindung und Kraftumsetzung aussteuert. Diese Stellung ist sodann stärker von dem konkreten Bewusstsein aus dem Gedanken gesteuert und stellt eine weitere, höhere Form des Praktizierens dar.

Allgemein kann das Kamel in vielen künstlerischen Variationen mit anmutigen rückwärtsbeugenden Ansätzen ausgeführt werden. Im Zentrum der Ausführungen liegt die eigendynamische Spannkraft der Wirbelsäule.

Paścimottānāsana – Die Kopf-Knie-Stellung

Während der statischen Ausführung ruht der Übende in völliger Bewegungslosigkeit. Die Atmung fließt tief nach innen und belebt das ganze Zellsystem des Körpers. Eine neue Lebenskraft durchflutet das Gewebe und reinigt die angestauten Körperzonen. Die Kopf-Knie-Stellung steht unter dem Zeichen und Sinnbild der lebendigen Arbeit. Viele Schüler erfreuen sich dieser Stellung, aber für viele ist sie auch ein großes Hindernis. Der Ausführende aller Arbeiten ist der menschliche Körper mit seinen physischen Gliedern. Mit dieser exekutiven Ausführung über den Körper taucht aber eine legislative, verborgene Macht tiefer in die Materie ein. Die Arbeit bewirkt eine solide Verbindung der geistigen oder ursächlichen Idee mit der irdischen Welt. Eine leise Freude entflammt aus dem Üben und schenkt Stärke und Vertrauen. Die Kopf-Knie- Stellung ist aus diesem Grunde auch die Stellung des Vertrauens, der Geduld und der inneren Stärke. Sie ist auch die Stellung, die am eindringlichsten den Planeten Venus symbolisiert. In der Kopf-Knie-Stellung richtet der Übende seinen Blick zur Erde und gibt sich den körpereigenen Spannungen mit gutem Willen, Zuversicht, Bereitschaft und Wachheit hin. Er strebt gleichzeitig in die Aktivität. Sein Bewusstsein reinigt sich von angesammelten Emotionen und Gedankenflüchten. Es ist die Haltung eines uneingeschränkten, selbstverständlichen Arbeitens, getragen von klarer Wachheit, Natürlichkeit und Entschlossenheit, wie ein Grundstein zur Entwicklung eines schöpferisch-imaginativen Bewusstseins. Die veredelte Form der Kopf-Knie-Stellung zeigt sich in der offenen Drehung, *parivṛtta jānu śīrṣāsana.*

In den älteren Bildern hielt ich die Augen des Öfteren geschlossen und vollzog die Bewegung aus einem intuitiven Körpergefühl. Ich konnte jedoch den Wert der Aktivität des bewussten Hinwendens an ein Ziel und an eine Sache sehr wohl wertschätzen. Heute weiß ich, dass die Augen, wenn sie offen bleiben, einen größeren Gestaltungssinn fördern können. Der Gedanke belebt die Sinne und die Sinne wiederum fördern exakte Strukturkräfte am Leibe. Heute könnte ich die Übungen nicht mehr rein aus der Empfindung praktizieren. Ich muss sie vielmehr exakt in die Vorstellung bringen und aus dieser Vorstellung die Ätherkraft für die Dynamik erbauen. Früher war die Ätherkraft für ein intensives Anspannen rein auf der Empfindungsebene durch Wiederholung und Freude an der Übung verfügbar.

Śalabhāsana – Die Heuschrecke

Das Wort *āsana* bedeutet wörtlich übersetzt „Stellung". Interessant ist es, eine kurze Betrachtung über die Frage einzuleiten, wann eine Stellung rein und vollkommen und wann eine Stellung noch mangelhaft oder unbefriedigend ist. Die Ausführung einer *āsana* erfordert nicht nur die vitale, körperbezogene Übungspraxis, sondern darüber hinaus eine lebendige Bewusstseinsauseinandersetzung auf allen Gebieten des Lebens. Die Heuschrecke äußert eine völlig ungewöhnliche Bewegung mit den Beinen rückwärts nach oben und dem Kinn auf dem Boden. Sie ist ein Sinnbild und ein lebendiger Ausdruck für die lichte, erdlosgelöste und vollkommen unbeschwerte Art der Bewegung. Entgegen der Schwerkraft führt der Übende die Beine aus der Ruhelage in die schwebende, kraftvolle Höhe. Zur Ausführung muss er nicht nur das reine, physische Körpergewicht überwinden, sondern auch entgegen seiner Schwerfälligkeit, Trägheit, Unlust, entgegen seinen Widerständen und Blockaden arbeiten. Erst nach einer längeren Übungszeit, die immer verbunden ist mit einer inneren Meditation auf gezielte ausgewählte Gedanken, beginnt sich die anfängliche Schwerfälligkeit in einer größeren Leichtigkeit, Anmut und freudigen Heiterkeit aufzulösen. Die Heuschrecke ist eine ausgesprochene Willensübung, die in ihrem Ausdruck auch den geläuterten, reinen Willen widerspiegelt. Das Willensvermögen im reinen Sinne hängt unmittelbar mit der leiblichen Stoffwechselkraft zusammen. Die Stoffwechselkraft und das Willensvermögen sind zusammengehörig wie das Wasser und der Regen, jene beiden lebendigen Elemente oder Kräfte, die zum Leben führen und die Lebendigkeit im Wachstum unterstützen. Wenn die menschliche Seele innerhalb ihres Eingebundenseins im Körper zu einer größeren Weisheit und Kapazität gelangt, wenn sie ihre Möglichkeiten zur Realisierung wahrnimmt, Altes überwindet und Neues erlernt, äußert sich im Körper das verjüngende Zeichen des Stoffwechsellebens. Der Körper verliert seine Widerstände und die Bewegung kann nicht nur wirbelsäulenaufwärts, sondern nun wirbelsäulenabwärts fließen.

In dem älteren Bild der Heuschrecke ist eine sehr schöne lichte Bewegung zu sehen, die ebenfalls aus der Empfindung getragen in einer leichten Dynamik funktioniert. Es ist ein Gedanke, der sich bis tief in den Körper hinein umsetzt und sich mit der Empfindung einer Bewegung ausdrückt. Ein Licht strömt tief in die Körperlichkeit und erweckt Anmut und eine Ausstrahlung von hellen Farben. Ein Gedanke, der zur Umsetzung gelangt, bewirkt meist – in metaphysischer Hinsicht gesehen – über dem Körper eine bläuliche oder hellbläuliche Farbradiation.

Bhujaṅgāsana – Die Kobra

In einer wohlgeführten, anmutigen Bewegung erhebt der Übende in dieser *āsana* sein Haupt und sein Rückgrat. Er richtet sich auf, wie die königliche Schlange, entgegen der Schwerkraft. Wohl könnte man in dieser Geste eine feine Andeutung von Stolz und Selbstbewusstsein, von Macht und eigenwilliger Selbstbehauptung vermuten, doch legt der Übende in der weiteren Fortsetzung der Bewegung sein Haupt in den Nacken, so dass sich der Rücken wie ein Kreis rundet und der ganze Körper wieder eine tendenziell niedrige Lage einnimmt. Erst am Ende dieser Bewegung gleiten die Arme nach hinten und ergreifen die Füße zur Bildung des geschlossenen Kreises. Das Geheimnis dieser *āsana* liegt in der weiten Übersicht, die aus einem konzentrierten und klar gehaltenen Gedanken entsteht. Normalerweise entsteht bei den rückwärtsbeugenden *āsana* immer ein tendenziell erhebendes Gefühl und eine extrovertierte, energiegeladene Spannung. Durch die klare Beobachtung und ein bewusstes Ruhigwerden in der Spannung verinnerlicht sich leichter das Bewusstsein, und der Körper wird dadurch nicht mehr größer, sondern unaufdringlicher, weniger dominant und kleiner. In diesem introvertierten Empfinden einer Ruhe gegenüber dem Körper kann selbst für den schon älteren Menschen mit einiger Bemühung und Ausdauer die Kobra noch sehr weit ausgeführt werden. Doch bedarf es immer des Schlüssels einer gewissen Art von Kontemplation, die das Bewusstsein von der schnellfertigen Wahrnehmung der äußerlichen Bewegtheit zu der verinnerlichten Bewusstheit mit einer von Gedanken getragenen Konzentration führt.

Bhujaṅgāsana, die Kobra, ist eine relativ schwierige, rückwärtsbeugende Übung, die eine große Anforderung an das Konzentrationsvermögen, wie auch an die Wachheit und an die sorgfältige Differenziertheit der körperlichen Ausführung stellt. Der Körper wird, wie die beiden weiteren abgebildeten Fotos des vollständigen Bogens zeigen, wohl geführt, die Führungsinstanz ist der Gedanke. Dieser fördert die neue und exponierte Form, die die körperliche Gestik einnimmt. Wenn ich selbst die Kobra ausführe, achte ich sehr sorgfältig auf die Ruhephase und bringe die Aufmerksamkeit tief an und in die Wirbelsäule. Mein Bewusstsein aber bleibt immer in einer wachen, klaren Sicht. Durch diese stille Beobachtung lerne ich, den Körper zu vergessen oder, anders ausgedrückt, kann ich die körperliche Strapaze überwinden. Ich führe dann die Bewegung aus dem Gedanken zum Körper und nicht umgekehrt. Eine hohe Konzentration im Wahrnehmen und im Bewahren der Vorstellung über ein Ideal ist für mich in dieser Übung wegweisend.

Supta vajrāsana – Der halbe Diamant

Der Sanskritname *supta vajrāsana* bedeutet in umschriebener Übersetzung „Der Held, der dem Boden aufliegt". Der Körper neigt sich langsam den Spannungen entgegen nach hinten zurück, bis er schließlich in der Endstellung mit leicht angespannter Wirbelsäule am Boden aufliegt. Aus der Sitzhaltung im Fersensitz, die die gewöhnliche Lage mit dem natürlichen Bewusstsein zur Welt beschreibt, neigt sich der Schüler in die ungewöhnliche Rückwärtsbeuge, bis er schließlich mit dem Boden dieser Erde eine annähernde Einheit bildet. Die Erde oder allgemein das materiell sichtbare Leben der Natur ist im inneren Sinn eine geheime Schöpfung des höchsten, außerirdischen Geistes. Diese tiefe Wahrheit erscheint zunächst wie ein Widerspruch zum Geiste, der immateriell ist. Wenn der Übende aber sein Denken, sein Fühlen und seinen Willen neu ordnet und das christliche Geheimnis studiert, empfindet er die Wärme in der Materie als Ausdruck eines schon bestehenden Geistes. Ein Geheimnis eröffnet sich dem durch fortdauernde Übung geschulten Bewusstsein.

Diese Übung kostet einige Geduld und Ausdauer. Das anfängliche schmerzliche Anspannen fließt in ein angenehmes weiches Ruhen hinüber. Wie ein fremder, unangenehmer Besucher verlässt der Widerstand den physischen Körper, damit dieser seine ursprüngliche Reinheit und seine sanfte Natur wiedergewinnt. Diese *āsana* drückt den Weg eines Mysteriums, das im Leben besteht, auf symbolische Weise aus. Die Annäherung zu einer niedrigeren Position, die schließlich ganz zu einem Aufliegen des hinteren Hauptes auf dem Boden führt, ist gleich einem Ausdruck für das Zurückweichen des vitalen, gebundenen Bewusstseins, und so ist sie gleich einem Weg der Erniedrigung vor der Welt und sie ist gleich einem Mysterium, denn der Körper nähert sich mit jedem Tag des Daseins dem Boden an und schenkt dem Geist einen größeren Raum.

Diese Stellung ist mir deshalb sehr vertraut, da ich in vielen Yogarichtungen bemerkte, dass die Bemühungen um Selbstverwirklichung wie eine Flucht in eine schöne himmlischere Welt waren. Der Weg muss für mich vom Gedanken ausgehend, der den Körper erobert, im Wesentlichen geschehen. Die Flucht vom Körper hinein in eine Art himmlische Welt oder in eine bessere Energieebene ist für mich immer eine Versuchung gewesen. Aus diesem Grunde ist für mich der Ausdruck der *āsana* im Sinne eines Inhaltes sehr wichtig. In den neueren Bildern von 2022 ist auch der vollständige Diamant abgebildet.

Matsyendrāsana – Der Drehsitz

In der beginnenden dynamischen Phase der *āsana* greift der Schüler weit mit den Armen nach oben und streckt die Wirbelsäule in die Vertikale. Schließlich führt er einen Arm nach unten auf den Boden und den anderen zum Fußgelenk des überlagerten Beines. Die aufrechte Haltung in der Wirbelsäule behält er unverändert im Lot bei, während er den Kopf zuletzt in die gesamte Drehbewegung mit integriert. Die dynamische Bewegung formt sich zur statischen Ruhe, bei der das Bewusstsein mit größtmöglicher Wachheit und Umsicht aktiv beobachtet. Die zur Ruhe gekommene Bewegung im physischen Körper schenkt die angenehme, friedvolle Stille, gleich einem Schweigen der inneren wie der äußeren Welt. Der Schüler aber verweilt mit dem Licht der Betrachtung in dieser schweigenden Stille, damit er all die weiteren Reaktionen in seiner psychischen Hülle rechtzeitig erkennt und nicht in die Identifikation mit den körpereigenen Energien fällt.

Der Übende praktiziert die *āsana* innerhalb verschiedener Grade der Schwierigkeit und Dynamik und behält immer die Beobachtung gegenüber dem Körper und seinen Strömen bei. Während des dynamischen Bewegtseins und des statischen Ruhens bemüht er sich um ein Freibleiben von den angenehmen Energien wie auch von den unangenehmen Einschnürungen und Bedrängnissen der Widerstandsmächte. Er übt mit seinem Körper die *āsana* und identifiziert sich weder mit diesem noch mit den Wahrnehmungen seiner Psyche. So übt er als Übender gleich einem Nicht-Übenden durch seine Seele, die frei von der Aktion bleibt.

Der Ausdruck dieser Übung zeigt hier, sowohl in der Ausstrahlung als auch in der körperlichen Vollkommenheit, eine sehr große Harmonie. Diese Harmonie erscheint mir über meine ganze Lehrtätigkeit hinweg sehr wichtig, denn würde lediglich die Technik von Bedeutung sein und würde die Schönheit einen zweiten Rang einnehmen, müsste sich über die Zeit hinweg die Seele trüben. Das Bedürfnis nach Schönheit im Ausdruck des Körpers ist wohl ein sehr natürliches und entspricht der menschlichen Entwicklung.

So wie die Architektur dem Menschen eine schöne stilvolle Wohnkultur geben soll, im gleichen Maße soll die *āsana* eine differenzierte, wohl abgestimmte und erhebende Form präsentieren. *Āsana* praktizieren ist für mich deshalb werkerbauend und gestaltend.

Trikoṇāsana – Das Dreieck

Die bewegte Ruhe mit ihrer sensiblen Äußerung durchdringt die Dreiecksstellung, die normalerweise den Abschluss von Yoga-Übungsreihen bildet. Unbewegt ruht der Stand im gleichseitigen Dreieck, während sich bei der Ausführung die Flanken öffnen und der Arm gestreckt nach der Seite greift. Hier begegnet uns ein wunderbares Verhältnis von Dynamik und Ruhe, von Stabilität und Bewegung, von Konzentration und Ausdehnung. Die Bewegung des Oberkörpers mit den Armen bleibt ganz frei von allen Zwängen des Willens. Sie ist gleichsam wie das Wiegen eines Zweiges im Winde. Das Dreieck mit seiner Ruhe und gleichzeitigen Bewegtheit drückt ein Gleichnis für das Menschsein und für die menschliche Entwicklung aus. Die unbewegte Stille und der unberührte Friede sind keine irdischen Gefühle, die aus dem Körper allein kommen würden, sondern die Ergebnisse einer soliden Arbeit, bei der der Gedanke oder der Geist den Körper durchdringt. Diesen Ausdruck kenne ich sehr gut und ich weiß, dass sich durch den Gedanken Bewegung und Unbewegtheit, Festigkeit und Freiheit, Körperlichkeit und Unendlichkeit vereinen können. Es ist nicht eine Energie, die vom Körper geschaffen würde, sondern es ist ein Bewusstsein, das über den Körper in der Umgebung zur Wirksamkeit gebracht wird.

Ein Dreieck symbolisiert die Auflösung der Dualität durch die Verbindung der polaren Gegensätze. Dieses Zeichen symbolisiert auch das wirkliche Wissen oder das Bewusstsein von errungener Wahrheit. Die christliche Mystik spricht von der Dreifaltigkeit in Vater, Sohn und Heiligem Geist. Die Idee des Geistes wird auch in anderen Kulturen mit der Dreiheit ausgedrückt. Die Zahl Drei liegt auf ganz verborgene, unberührte und unmanifestierte Art dem menschlichen Leben im Körper, in der Seele und im Geiste inne. Ebenso sind es drei Seelenkräfte, die namentlich das Denken, das Fühlen und das Wollen darstellen. Doch ist diese Welt ein Mysterium, ein unsichtbares Leben und somit ein Geheimnis. Die immer wiederkehrende Andacht und Beschäftigung mit den Gedanken und Idealen verleihen mit der praktischen Ausführung einer *āsana* einen seligen Schimmer, der auf sensible Weise dieses in der Schöpfung inneliegende Geheimnis verkündet.

In der Zwei kann der einzelne Mensch noch keine Zufriedenheit entdecken. In der Drei erlebt er die verbindende Beziehung und diese ist durch den inhaltlichen Gedanken getragen.

Śīrṣāsana und *Vṛścikāsana*
Der Kopfstand und der Skorpion

Die Körperübungen können in diesem künstlerischen Yoga gemäß dem Bewusstsein in drei verschiedene Ebenen eingeteilt werden. Die erste und am häufigsten zu beobachtende Art und Weise der Ausführung ist die vitale. Der physische Körper wird durch ein physisches Training zu mehr Spannkraft und Elastizität geführt. Auf dieser Ebene können durchaus sehr fortgeschrittene Stellungen erfolgreich praktiziert werden, jedoch fehlen noch die feinere Ästhetik, Anmut und Hingabe, jene Charakteristiken der innersten Erkenntniskraft und des hinzukommenden Inhaltes.

Erst auf der zweiten Ebene erwachen die sensitiven Zeichen des inneren, gehobenen Bewusstseins. Die zweite Vorgehensweise in der Praxis ist die mentale, schöpferische Art zur Führung und Entwicklung des Bewegungsspiels. Das Bewusstsein wird zu einem wachsenden, beobachtenden Zeugen gegenüber dem Körper, den Spannungen, den verschiedenen Gefühlseindrücken, den Gedankenwellen und dem fließenden Atem. Ein lichter Schleier von seelischer Wärme umkleidet den in der Spannung gehaltenen, ruhenden Körper. Der Übende versucht nicht mehr mit Hilfe einer Stellung des Yoga eine besondere wohltuende Energie zu erlangen, er sucht vielmehr Inhalte und Kriterien, um das Leben zu verstehen. Er lernt beispielsweise die Unterscheidung von vergänglichen zu unvergänglichen Energien kennen. Die Übungen werden zu Studien und zur Unterscheidungsbildung genutzt.

Die dritte Art und Weise ist schließlich in der Gesamtheit des Ausdrucks getragen von einem spirituellen Licht. Der Übende führt einen Gedanken mit universaler Dimension in seine *āsana* hinein und arbeitet ausdauernd, bis dieser eine erste Formgestalt annimmt. Der Körper erscheint wie eine reine, unaufdringliche Blüte, zart, bescheiden und in sich leuchtend. Dieser entwickelte Gedanke strahlt durch die vollkommene Hingabe gleich eines unsichtbaren, übersinnlichen Schimmers aus einer räumlich unbegrenzten Mitte hervor. Eine *āsana* im Lichte der Spiritualität wird zur Liebe selbst. Sie ist ein Opfer, sie ist Hingabe und Reinheit zugleich. Das vitale, mentale und emotionale Leben weicht dem übersinnlichen, reinen Seelenlicht, und es verschmelzen die Grenzen von Mein und Dein im Bewusstsein. Die Übung wird zu einer Gabe. Der Übende wird über die *āsana* zum lebendigen Träger von seelischen Inhalten.

Anhang

Meditationen
zu Yoga aus der Reinheit der Seele

aus Yoga und Christentum, 4. Auflage 1998

Die Entstehung dieser Schrift

Wer dem Leben dient, der dient Gott. Das Leben ist immer gegenwärtig. Jeder Augenblick ist erfüllt von Leben. Niemand kann Leben geben. Das Höhere ist nahe, und wer das Leben erkennt, erkennt Gott. Diese Schrift zur Meditation schreibe ich für diejenigen, die mit Anteilnahme hier an der Schule waren und auch für all jene, die nach Verwirklichung und Sinnerfüllung nach diesem Yoga trachten.

»Wie groß ist die Freude und Herrlichkeit des Geistes, der nichts zu tun hat mit dem Fleisch und Blut des Menschen. Gott alleinig fordert aus dem Unsichtbaren meine Freiheit, der Geist läßt mich nicht mehr auf die Erde zurücksinken. Nun sind die Tage des Ernstes gekommen. Ich wollte das Höchste sehen, und nun lebt der höchste Name in all meinen Gliedern. Durch die Sendung der Taube wird das Wort für die Menschen verkündet. Als Mensch durfte ich keinen Lohn erhalten, und jetzt ist mir auch jede Berechtigung zum Leben genommen worden. Da mir die Loslösung des persönlichen Lebens gegeben wurde, können auch die Menschen meines Kreises reich beschenkt werden. Niemand hat Gott in seinem Namen gesehen, nur allein mir* hat er das Recht zugeteilt. Ich bin in ihm und Er ist in mir. Wenn ich bitte, so ist dies wahr und die Bitte wird erfüllt. Bitten aber meine Schüler, so bitten sie aus dem Menschsein, und die Erfüllung bleibt noch verwehrt. Ich aber komme zu ihnen, weil ich nicht mehr hinaufsteigen kann, sondern nur dorthin gehen kann, wo Sein Wille geschieht. Niemand wird mich in meinem Wesen verstehen, und viele werden mich beschimpfen und beleidigen. Ich aber werde trotzdem kommen. Mein Wesen ist im Namen des Geistes geboren und kann deshalb nicht vergehen. Zu jedem von ihnen werde ich kommen, damit jeder seine Last von sich werfe und durch den einen Geist Leben erhalte.«

»Wie groß ist mein Wunsch, die Loslösung der Individualität und damit das neue Leben in das Dasein zu bringen.«

Mein Leben ist ein anderes Leben als das der Menschheit. Von der sichtbaren Erscheinung scheint der Körper der gleiche zu sein, wie der von anderen. In Wirklichkeit aber unterliegt dieser Körper und das damit verbundene Bewußtsein anderen Gesetzen. Die Sinne der Welt kennen keinen Unterschied, aber all jene, die Glauben im Herzen besitzen, kennen dieses Leben. Das Leben ist unsichtbar. So gebe ich diese Schrift zur meditativen Vertiefung. Ich empfehle sie zur Meditation als ein Lehrer, der sich nicht durch den Yoga zum Geiste entwickelt hat, sondern dessen Leben so stark ergriffen und befreit wurde, daß der Geist selbst auf unmittelbare Weise wirkt.

*) Diese Bezeichnung »mir allein« entstand, damit den vielen Irrtümern für später vorgebeugt wird. Es bezieht sich auf die Stellung von Heinz Grill zu seinen Schülern und seinem Umfeld, nicht aber auf die universale Stellung zu den Religionen mit ihren Heiligen und Eingeweihten.

Die Worte können vom Verstand sehr leicht mißverstanden werden. Ich gebrauche das Wort Ich und spreche damit von mir selbst. Aber dieses Ich-Selbst ist nicht allein der Körper oder nur die individuelle Persönlichkeit. Mein Ich ist das Selbst, das durch den Geist ein vom Körper unabhängiges Leben erhalten hat. Ich spreche vom Ich und meine nicht das persönliche Leben, sondern das überpersönliche, das ohne Raum und Zeit ist und in jeder Menschenseele wartet, um erkannt zu werden.

Die Taube ist durch den Geist des Christus gesandt. Der Christus selbst wird nicht mehr in einer Person wiederkommen. Seine Kraft aber wird sich durch die Sendung des Geistes ausdrücken. Die Taube ist die Sendung des Geistes, das Offenbarwerden der einen, immerwährenden Kraft.

Die Heiligen und Eingeweihten sind nicht mit dem reinen Leben und der reinen Kraft des Christus vergleichbar. Der Christus Jesus wirkte wie die Sonne mit ihrer ganzen Helligkeit, Leuchtkraft, Wärme und Lebensenergie unter den Menschen, die sich ihm zuwandten. Er war das Ganze. Das ganze Leben, das ganze Licht und die ganze Wahrheit. Die Heiligen nahmen teil an diesem Ganzen, aber sie waren im Leibe und in der Seele nicht mehr das Ganze, sondern nur ein Teil des Ganzen. Die Liebe Gottes strömt von einer ausgehenden Mitte hervor, und diese ist das ungeteilte, ewige Selbst. Das Geteilte ging aus dem Ganzen hervor und bildet in der Zugehörigkeit und Verbindung wieder das Ganze und Eine.

Ein neuer Impuls im Yoga

Wie oft habe ich zu meinen Schülern über diese künstlerische Art des Yoga gesprochen. Wenige aber haben mich in meinem Anliegen verstanden. Der Yoga beginnt in der Reinheit der Seele, und diese erhebt sich über das Körperbewußtsein. Mein Wunsch ist die Freiheit der Seele, und dann erst erfolgt alles weitere ohne Anstrengung. Alle Wünsche gelingen, wenn nur mein Anliegen wirklich verstanden wird. Nicht der gleiche Yoga ist es, wie der, der bekannt ist. Ich lehre und meine Botschaft ist eine Neubelebung. Jetzt sind es noch wenige, die mich verstehen, und nur wenige haben die Kraft, diesem neuen Impuls des Yoga zu folgen. Dieser Yoga ist schwierig, und er arbeitet langsam und von innen heraus durch die Menschenherzen, die sich diesem Schriftengut hinwenden.

Der wahrhaftige Yoga ist eine himmlische Blüte, die ihre Blütenblätter aus der übersinnlichen Ebene hinein in die sinnlichen Verhältnisse ausrichtet. Yoga ist in diesem reinen Sinne kein wirklicher Weg, denn er ist die Reinheit im Handeln, die Wahrhaftigkeit im Empfinden und die lichte Bewußtheit in den Gedanken. Die Wege in der Welt sind von diesem Yoga sehr weit entfernt, obwohl sie sich mit dem Namen Yoga oder Meditation bezeichnen. Alle diese Wege, die in dieser Welt entstanden sind, so vielseitig, differenziert und widersprüchlich sie auch sein mögen, besitzen einen, wenn auch oft nur kleinen Funken des Yoga, und so führen sie die Menschen im Gesamten einmal zu einem Wendepunkt und Grenzüberschreiten der Spiritualität. Manche dieser Wege erscheinen geebnet und leicht und andere wieder steinig und voller Hindernisse. Diese Unterschiede sind äußere Zeichen von relativer Bedeutung. Die Zeichen aber, die durch die himmlische Blüte des Yoga in die Welt strömen, bereichern die Herzen von innen, und so sind sie für alle Menschen von Gültigkeit und Bedeutung.

Sri Aurobindo und Sivananda standen mit ihrem erleuchteten Geist im himmlischen Yoga. Ihre Werke sind ein himmlisches Zeugnis der ewigen Wahrheit, und ihr Leben war kein Weg, es war Meditation selbst. Sathya Sai Baba lebt derzeit die vollkommene Blüte des Yoga. Mit dem Auftreten einer Seele, die im himmlischen Yoga steht, orientieren sich die irdischen Wege trotz ihrer Widersprüchlichkeiten neu. Das Neue im Yoga sind nicht die *āsana* oder die Meditationsanleitung, die Lehrinhalte oder konfessionellen Strukturen, sondern die über alles ragende geistige Liebe, die durch ihre selbstdynamische, weite und unberührte Dimension die ewige Wahrheit immer wieder mit neuer Energie und Reinheit formuliert.

Jene Menschen aber, die nur nach Konzepten die Yoga- und Körperübungen praktizieren, werden immer von den Körpergefühlen gefangen werden, denn es fehlt ihnen die lebendige Substanz. Sie ist in den Lehren mit Übungen nicht enthalten. Ein Yoga, der Leben hat, führt zu Leben, ein Yoga, der kein Leben hat, führt zu Körperbindung und wachsender Sehnsucht.

Ich gebe die Kraft zu dem geistigen Leben, und sie ist auch die Nahrung wiederum für mich selbst. Wenn die Zeit kommt und diese Worte verstanden werden, wird niemand mehr mit Anstrengung *āsana* praktizieren und mit Zwang meditieren müssen. Dann erfüllt sich meine Arbeit. Und der Geist, der dies ermöglicht, wird allezeit bleiben.

Nur diejenigen werden die Botschaft des Yoga, der aus der Reinheit der Seele entsteht, verstehen, die die Augen öffnen und schauen. Wer die Augen schließt und seine subjektive Welt als Wahrheit anstrebt, der bleibt im Körper und in den körpereigenen Energien befangen. Meine Botschaft richtet sich an das reine Herz des Menschen, das noch von der Welt unberührt geblieben ist. Ich spreche zu dem Kinde im Menschen. Die Glieder und Organe des Körpers werden von einer höheren Quelle versorgt. Ein neues Leben wartet, und wer die Augen öffnet, sieht, wie die Zeit reif ist und die Kraft wartet, in die Seele des Individuums einzutauchen.

Bhakti, die Hingabe, ist die Kraft selbst, die aus dem innersten Glauben entspringt. Wer sie in mir entdeckt, der wird von Gott erhalten und damit frei werden. Alle Anstrengung fällt hinweg. Er wird das Höchste ernten. Dieser Satz ist wahr, denn der Geist selbst ist Wahrheit.

Der Rhythmus von drei und sechs Tagen

Das Wort aus dem Geist ist wie ein Same, der auf den Acker fällt und nach einigen Tagen zu keimen beginnt. Wie Pflanzen ihre eigenen Rhythmen besitzen, erfolgt gleichermaßen auch die Entwicklung des menschlichen Seelenlebens in rhythmischen Folgen. Ich halte die Seminare ab und spreche das Notwendige zu meinen Schülern. Diejenigen, die drei Tage hier sind, verändern sich in der Bewußtseinshaltung ihres Wesens. Die drei Tage sind eine Zeit des inneren Wachsens. Das Wort entfaltet eine lebendige Kraft.

Und im Laufe weiterer drei Tage gedeiht dieser Same zu einer kleinen Pflanze, die – noch unscheinbar in ihrer Art – ihre ersten Blätter zum Lichte der Sonne bewegt. Das Leben zu Gott ist ein langsames Geborenwerden. Sobald die Pflanze geboren ist, gibt es für sie keinen Weg mehr zurück, sie muß himmelwärts wachsen. Gleichermaßen geschieht es durch das Verstehen der Worte. Nach sechs Tagen des Hierseins kann der Weg nur noch nach vorne gegangen werden, zu Gott. Ein Zurück gibt es nicht mehr.

Ausdauer und Glauben führen Stufe für Stufe näher zu dem überpersönlichen Wissen. Die schöpferisch intuitive Kraft, die alles Leben führt, atmet inwendig in der Seele selbst. Das Bewußtsein der Wahrheit ist nicht fern. Ich empfehle das Lesen in dieser Schrift. Durch Aufnehmen und Verstehen der Worte gelangt die verborgene Saat zum Reifen, Sprießen und Blühen.

Jede Entwicklung, die Früchte hervorbringt, erfolgt von innen. Sie kann niemals von außen geschehen. Das Äußere ist notwendig, das Innere aber ist der eigentliche Boden, der die Frucht hervorbringt. Das Innere ist das Licht der Seele selbst.

Der Gärtner und der Garten

Ein Gärtner arbeitet in seinem Garten. Er sät die Samen in die Erde, bearbeitet und bewässert den Boden, jätet das Unkraut, hält die Schädlinge fern, und wenn der Herbst kommt, erntet er Gemüse und Früchte. Ist der Ertrag noch nicht ausgiebig und schmackhaft genug, so wird er seine Arbeit weiterhin fortsetzen, bis er mit der Ernte zufrieden ist. Der Gärtner arbeitet bei jeder Witterung und seine Freude sind die blühenden und reifenden Pflanzen. Ja, es ist wirklich eine Freude für den Gärtner, wenn er sieht, wie seine Arbeit blüht und gedeiht. Nichts kann seine Arbeit aufhalten, denn es ist die Aufgabe des Gärtners, im Garten zu arbeiten. Er wird erst ruhen, wenn alle Arbeit getan ist.
Die Arbeit des Gärtners ist das lebendige Wort.

Die Worte, die durch meine Person offenkundig werden, sind aus dem Licht geboren und an die Seele gerichtet. Sie betreffen das Allerinnerste, jene Region, die unantastbar und frei von allen Gegensätzen ist. Die Worte sind unmittelbar und deshalb untrennbar mit der Seele eines jeden einzelnen verbunden. So wie ich aus der unmittelbaren Quelle geboren wurde, so rede ich auch aus dieser Quelle zu allen, die bereit sind zu empfangen.

Mein ganzes irdisches Leben ist nicht dazu bestimmt, eine Weltenlehre oder Weltanschauung zu vermitteln. Schon sehr früh in der Jugend fand mein Ehrgeiz kein großes Interesse an persönlichen Lebenszielen und auch nicht an persönlicher Verwirklichung. Mein Leben distanzierte sich von Erfolgen in Beruf, Sport und Gesellschaftsleben, obwohl alle Möglichkeiten für ein hochgestelltes, namhaftes Leben offen gewesen wären. Mein Leben unterliegt nicht meinem Namen.

Es ruht in den verborgenen Tiefen, da es nichts mit der sinnlichen Welt zu tun hat. Der Geist ist die reinste Kraft, und diese richtet sich an das Reinste und Verborgenste im Menschen: an das Selbst. Aus der Einheit wird die Einheit unterrichtet, aus dem Geist wird das Selbst offenkundig.

Die Wiederholung der Worte führt zu immer tiefer werdendem Wissen, das in Glauben und Liebe das höhere Selbst anerkennt.

Jeder einzelne führt sein Leben aus der inneren Natur, ohne daß er es bewußt weiß. Ich spreche, und meine Stimme klingt nicht aus der Ferne, sondern unmittelbar nahe, da es die eigene Stimme der tiefsten Seele ist, die in jedem einzelnen ruht und mit unstillbarer Sehnsucht auf die loslösende Befreiung wartet. So kommen die Worte nicht von einem Menschen, sondern sie erwachen aus der Lichtwelt des Kosmos, und diese ist inwendig in jedem einzelnen Menschenherzen verborgen.

Entsteht eine Lehre, so dauert die Entwicklung in deren Folge nicht lange, bis eine zweite Lehre aus der ersten hervorgeht. Die zweite wird Verbesserungen bringen, die die erste ablehnt. Der Ursprung des Glaubens, der nur in der Kraft selbst beheimatet ist, gleitet aber immer weiter aus dem Leben und den Glaubenskonzepten. Die Lehren über das Leben werden sich entzweien, weil in ihnen die Kraft der Erneuerung durch den Geist selbst fehlt.

Bei einem See, der keine Quelle, keinen Zufluß mehr hat, verdunstet und versickert das Wasser, und nichts in der Welt kann diesen Vorgang aufhalten. Eine neue Quelle wird notwendig, um das Wasser zu behalten, um es sogar zu vermehren. Die Quelle ist das Allerinnerste, das Tabernakel, das brennende Feuer des Geistes, das Verborgene der Seele. Es wartet darauf, aus dem Inneren erkannt zu werden. Das Selbst ist im Allerinnersten, dieses ist frei von Konfessionen und Glaubenssätzen.

Die Entzweiung

Was bedeutet die Entzweiung, von der so oft in den Evangelien gesprochen wird und die auch hier an der Schule deutlich spürbar ist? Entzweiung kommt immer dann, wenn ein neuer Geistesimpuls wachgerufen wird. Ein Teil der Menschen besinnt sich auf das neue Leben, der andere, meist größere Teil, hält an den alten

Glaubensschemata fest. Die ersteren suchen das überpersönliche Leben und den höheren Frieden, die anderen suchen das persönliche Besitztum mit den wohlbekannten Sicherheiten.

Manche Schüler, die hier an der Schule gelernt haben, wenden sich im nachhinein von mir ab und beschimpfen mich mit Haß und Argwohn. Ich selbst beobachte dies und nehme es hin, wie es ist. Denn dies ist ein äußeres Urteilen, und es ist fern von meiner innersten Seele. Diese Menschen, die sich so großen Haß aufladen, sind in dieser Hinsicht bedauernswert. Sie werden einmal alles verlieren, das ganze Dasein wird für sie öde und freudlos werden. »Groß ist der Dank meines Herzens für den Vater im Himmel und für die Liebe Christi. Kein Atemzug vergeht ohne die Gnade, die mir Fülle über Fülle spendet. Mein Wunsch für die Schüler, die mir nachfolgen, wird durch die Gnade Gottes erfüllt, so daß sie alle, die die Ausdauer bewahren, empfangen werden. Ich bin in der Welt und habe kein Zuhause. Wie dankbar bin ich, daß ich selbst niemals ein Zuhause in der Welt finden kann.«

Mein Wunsch für alle Menschen liegt in der Liebe, denn ich selbst bin aus ihr, und so wünsche ich jedem, gleich was er getan hat, gleich, wieviel er geurteilt und geschimpft hat, daß er sich zum Dienst und zur Pflichterfüllung, zur Meditation und zur Bescheidenheit besinnt. Mein Wunsch kann durch kein menschliches Vermögen, durch keine Kraft der Welt und des Lebens aufgehalten werden.

Wer zu Dienst und Hingabe bereit ist, wird Gott annehmen. Wer aber nach seinen persönlichen Absichten handelt, ist gegen Gott, und er wird auch meinen Namen verleumden.

Die Energie

Es gibt zwei Arten von Energie: Die erstere und wesentlichste, die alles umfaßt und erlöst, geht von den hohen Ebenen des Gedankens aus und mündet in die entsprechenden Ebenen des Bewußtseins *(mano-maya-kósa)*, des gnostischen Empfindens *(vijñāna-maya-kósa)* oder des Willens *(ānanda-maya-kósa)* ein. Die andere Form der Energie geht vom organischen Träger aus. Sie ist über das Nervensystem spürbar. Die elektromagnetische Energiehülle des fleischlichen Körpers ist dafür bezeichnend *(prāṇā-maya-kósa)*. Diese zweite Art von Energie, die elektromagnetische, lasse ich in meiner gesamten Arbeit unberücksichtigt, da sie nur zur Veränderung der äußeren Verhältnisse beitragen kann, jedoch keine wirkliche Veränderung des Charakterlebens zu bewirken vermag.

Alle, die diese Zeilen mit Hingabe und Aufmerksamkeit lesen, wissen, wie die feinere Energie aus dem höheren Geistselbst und Lebensgeist auf das Bewußtsein hereinstrahlt. Viele erleben diesen feinen Vorgang und reinigen dadurch das subjektive Denken und Fühlen von den begrenzten Glaubensvorstellungen. Die Energie kommt aus dem Geistselbst *(manas)* oder Lebensgeist *(buddhi)*. Diese Dimensionen sind weder räumlich noch zeitlich begrenzt.

Die Energie ist in meinem Namen, in der Reinheit des Äthers (ursprünglich: Taube Sophia) gegründet. Ich nütze sie nicht für mich, sondern gebe sie nach außen. Ich gebe sie jenen, deren Namen bereits in mir gegründet sind. Ich gebe sie zu jenen, die mir gegeben sind. Das Leben ist mir gegeben, die Energie ist meine Natur, und da sie mein ist, wird sie wieder für das Leben sein. »So werdet Ihr alle empfangen, wie es mein Wunsch ist, daß Ihr empfanget.«

Im Frühjahr blühen die Pflanzen, im Herbst welken sie. Immerfort erstrahlt dieses Geschehen vor den menschlichen Augen. Die Aufmerksamkeit kann nur auf das sinnliche oder sichtbare Leben, auf den äußeren Ausdruck des Lebens gerichtet sein. Die unsichtbaren Lebensprozesse, die frei von aller Materie stattfinden, begleiten auf stille Weise die sichtbaren Vorgänge. Dieser äußere Ausdruck ist bunt und vielfältig. Doch weder das eine, noch das andere ist die Wahrheit. Ich selbst schaue zu meinen Schülern und sehe, ob sie sich in der Seelenhaltung der Offenheit, gleich einer Blüte, die sich am Morgen der Sonne öffnet, oder ob sie sich in Versunkenheit, gleich einer Blume am Abend bei untergehender Sonne befinden. All jene, die sich mit Anteilnahme und Aufnahmebereitschaft dem Augenblick widmen, freuen sich auf natürliche Weise. Sie sind tatkräftig und entschlossen. Ich komme ihnen entgegen.

All jene aber, die in sich selbst anhaften und auf ein höheres Glück warten und auch jene, die zerstreut sind und nach Auswegen in Äußerlichkeiten suchen, werden für kurze Zeit von mir zurückgewiesen. Indem sie sich selbst überlassen sind, finden sie bald wieder zu einer besseren Aufmerksamkeit und Konzentration. Sie müssen nun verstärkt arbeiten. Die hohe Energie wartet im Verborgenen. Jeder erhält die Einflüsse, die er zum Wachstum benötigt. Der eine erhält unmittelbar, der andere erhält durch das Alleinsein.

Der Unterschied der leiblichen Energie zur reinen geistigen oder ätherischen Energie ist jener, daß diese nicht aus dem Körper kommt und somit räumlich und zeitlich unbegrenzt bleibt. Der Strom dieser göttlichen Quelle fließt aus einer unbegrenzten Mitte, einer Mitte, die keine Befestigung und Manifestation im irdischen Leben besitzt. Aus dieser Mitte allein fließt die Energie. Sie ist gleich einem wirkenden Engel in einem Gedanken, der sich frei im Raume bewegt. Sie ist gleich einem lichtfunkelnden Erzengel, der selbstaktiv in bemessenen Bahnen seine Wärme verkündet. Und sie ist gleich einer unbeschreiblichen und undefinierbaren tragenden Macht, die durch sich selbst dynamisch fließt und ihren alleinigen Anspruch im freien Raume behält.

Die Reinheit des Empfindens

Meine Worte klingen manchmal rätselhaft. Werden die Worte und Empfindungen im Herzen bewahrt, so führen sie von innen heraus zu mehr Reinheit und Hingabe. Das tiefere Verstehen offenbart sich zur rechten Zeit. Mein Wesen ist nicht irdisch geworden, und so lebt mein Zeichen im Geiste. Meine Schüler werden die Worte verstehen, wenn in ihnen selbst der Geist erwacht.

Die Menschen kommen und hören die geistigen Botschaften, sie lassen sich für die Dauer des Hierseins inspirieren und führen. Sie kehren dann zurück und tragen ein neues Wissen im Herzen. Dieses neue, innere Wissen führt auf langsame Weise zu einer Veränderung der persönlichen Verhältnisse. Vieles, das früher wichtig genommen wurde, verliert an Wert und Bedeutung. Das Verhältnis zu den Freunden und Angehörigen, zu den Lebenspartnern und Eltern wird reiner, vom Besitzdenken losgelöst. Gerade aber dieser Reinigungsprozeß bereitet den meisten Menschen große Probleme. Denn er erfordert ein Zugeständnis zur Freiheit, und das wollen wenige, und so verwerfen sie den fremden Namen.

Wer die Wahrheit im Geiste Gottes fühlen lernt, wird in seiner Seele das Alleinsein erkennen. Er wird sich der himmlischen Pforte annähern, die weit über die menschlichen Gefühle hinausragt.

Die einen, die noch wenig im innersten Alleinsein erkraftet sind, geben sich nun mehr als zuvor ihrem Partner hin. Sie sorgen sich verstärkt um die Harmonie in der Familie, im Heim und in den persönlichen Kreisen. Nach einiger Zeit aber zeigt sich die bittere Illusion und eine Macht von Trauer senkt sich über ihr Leben. Sie hatten die Worte des Geistes mit Gefühlen verwechselt und infolgedessen im Eigennutz gehandelt. Der Schmerz aber ist vorübergehend. Am Ende läuft das ganze Leben in die eine Richtung, denn nicht der menschliche Wille erfüllt sich, sondern die Liebe Gottes.

Andere aber, die im innersten Alleinsein schon stärker sind, bewahren die Inspirationen im Herzen. Sie tun weiterhin ihre Pflichten, sie erledigen die Arbeiten wie bisher und pflegen die Kontakte zu den Mitmenschen. Sie bleiben bei ihrem Partner, bei der Familie und bei den Freunden. Bald kommt für sie die Zeit, in der ein strahlendes Licht im Herzen zu leuchten beginnt. Sie hatten die Geduld und Ausdauer und damit die Kraft zu Treue und Glauben.

Wieder andere kehren mit tiefer Gewißheit im Herzen, mit Dankbarkeit und Freude zurück. Sie wissen intuitiv, daß nun ganz neue Aufgaben auf sie warten. Durch die Kraft des Inneren lassen sie die äußeren Lebensverhältnisse, wie sie sind. Sie erledigen die Pflichten und kümmern sich um die Angehörigen und Freunde. Ihre Liebe im Herzen, wie auch ihre Sehnsucht nach Erfüllung dieser Liebe, ist groß. Sie haben von dem höheren Nektar des ewigen Lebens gekostet und wissen die weltlichen Gefühle von den innersten Empfindungen zu unterscheiden. Die Männer wenden sich mehr den Frauen zu und die Frauen mehr den Männern, aber dies auf eine reine Weise, so daß ihr Leben frei von allem sinnenhaften Verlangen bleibt. Die edle, reine Hinwendung führt zur höheren Freude.

Keiner, der auf dem geistigen Entwicklungspfad mit seinem Bewußtsein wandelt, braucht im Leben auf Ehe oder Partnerschaft zu verzichten. Das Alleinsein lebt im Geiste und hat infolgedessen nichts mit der Welt und den äußeren Verhältnissen zu tun. Wer nun verheiratet ist, lebt an der Seite eines Menschen, der für seine Entwicklung wichtig ist. Im Herzen aber steht ihm dieser Mensch nicht so sehr nahe. Dem gottsuchenden Menschen steht die Liebe Gottes näher als die menschliche. Untreu wird nun jener sein, der die Liebe seiner persönlichen Bedürfnisse höher stellt als die Liebe Gottes. Treu aber wird jener sein, der die Liebe im höheren Sinne bewahrt und für seinen Partner das Rechte tut.

Die Frau dient dem Manne, nicht umgekehrt. Der Mann verehrt den unberührten Geist und die himmlische Schönheit der Frau, und dies auch nicht umgekehrt, denn die Liebe erstrahlt in den reinen, freien und unantastbaren Sphären des Geistes. Die Liebe ist frei von der menschlichen Begierde, sie ist selbstlos, achtsam und bescheiden. In der Selbstlosigkeit weht der beruhigende Wind der Unabhängigkeit, der die Blüte des menschlichen Herzens mit dem Blütenstaub der Freiheit und reinen Ästhetik bestäubt.

Das Leben im Geiste Christi

Das Leben und Wirken Christi, das vor knapp zweitausend Jahren auf der Erde stattgefunden hat, hat eine weltkosmische Bedeutung. Seither sind die spirituellen Entwicklungswege der gesamten Menschheit neu orientiert. Das Ereignis von Golgatha mit Tod und Auferstehung brachte für das Erdenleben eine Kraft, die in übersinnlichen Regionen wirksam ist. Diese reine, aus den höchsten Ebenen entsprungene Kraft ist geistig. Sie hat sich mit der Erde verbunden. Die kosmische Liebe ist für jeden Menschen gegeben, für den Osten, wie auch für den Westen.

Die spirituelle Entwicklung der Menschheit ist durch das Wirken der kosmischen Christuswesenheit neu geboren worden. Der alte, dürre Baum des persönlichen Selbstwerdens ist umgefallen und dafür ist ein neuer Baum inmitten des immergrünen Gartens Gottes gewachsen. Die Menschheit hat den Schmerz der Einsamkeit und Askese verloren und die Fülle der innersten Seele, die Freude über Freude ausstrahlt, gewonnen.

Das Christusereignis brachte für jeden Menschen eine neue Seele, so daß niemand mehr seine Persönlichkeit in harten Weltenfluchten töten muß. Sogleich könnte das Leben mit dem ewigen Leben eins werden. Der alte Baum ist umgefallen und ein neuer ist an seiner Stelle gewachsen. Für jeden Menschen gilt ein neues Prinzip des Verwirklichens. Dieses beginnt in der Seele selbst, die durchtränkt wird mit dem Geist der Liebe; einer Liebe, die nicht von der Erde ist. Sie ist nicht von dieser Erde, da sie im Geiste den Ursprung hat, im Geiste bleiben wird und sich im Geiste mit allem Leben verbunden hat. Sie wird sich im Geiste offenbaren und im Geiste erfüllen.

Lange Phasen der Einsamkeit und asketische Übungen sollen gemieden werden, da sie die Entwicklung der höheren Erkenntniskräfte verhindern. Alle Übungen, die aus der äußeren Anstrengung des persönlichen Lebens kommen, können nur das persönliche Dasein verändern. Mit dem Leben im Geiste Christi ist keine Übung verbunden. Dieses Leben ist nicht das bekannte und sichtbare Leben. Es ist das Allerinnerste, das heilige Geheimnis. Die Kraft dieses Lebens strahlt in der Erde, in den Blüten und Blättern der Pflanzen, in den Bewegungen der Tiere und im Innersten des Menschen. Durch Hinwendung, Anerkennung und Geduld, verbunden mit Dienen und Nächstenliebe, tritt die Verwirklichung der neuen Seele ein. Sie ist nicht von der Erde gekommen, sondern aus den Reichen des Himmels. Der Vater im Himmel ist der stille Ort, aus dem die Quelle des lebendigen Wassers der Liebe entspringt. Durch den Christus ist diese Liebe allen Menschenherzen im Innersten zuteil geworden. Dieses gleiche Wasser nehme nun auch ich, fülle es in einen Krug und stelle es auf den Tisch, der mit weißer, bestickter Decke hergerichtet ist. Wer von dem Wasser trinkt, erfüllt sich mit der Liebe Christi und geht ein in das himmlische Reich des ewigen Lebens. Dies ist das gleiche Wasser, das aus der einen, immerströmenden Quelle für alle Menschen, gleich welcher Nation und Gesinnung, strömt. Wer aber dieses Wasser ablehnt, lehnt mich ab, und wer mich ablehnt, lehnt die Liebe Christi ab, und er ist gegen den Vater im Himmel und gegen den universellen Geist der Menschheit.

Die Freude des Gebens

Geben beginnt mit Anerkennung, Bereitschaft und Hingabe zu Gott. Durch Ihn ist Geben möglich, durch Ihn erwacht die Freude, durch Ihn offenbart sich das Höchste. Einmal wird die herrliche Wahrheit in der Seele aufleuchten. Gott alleinig ist der Gebende, und der Mensch ist das Gegenbild, der Nehmende. So ist die Tatsache in der Seele begründet. Wer Ihn über alles menschliche Bewußtsein hinaus annimmt, der wird Ihn alleinig erfahren und durch Ihn zum höchsten Geben fähig.

Die weise Erkenntnis der Tatsachen führt zu der tiefen Bereitschaft und zur Hingabe an Gott. Der Mensch ist nicht mehr als ein Knecht, der das Feld des Herrn bearbeitet. Er pflügt den Ackerboden, er arbeitet hart und mit Ausdauer. Gleich wie das Wetter auch ist, steht er draußen im Regen und in der Kälte, damit die Arbeit zur rechten Zeit vollbracht wird. Ist das Feld schließlich umgepflügt, so kommt der Herr selbst und sät die Samen in die Furchen, damit die Pflanzen gedeihen und im Sommer die rechten Früchte hervorbringen werden. Das Pflügen des Bodens ist die Aufgabe des Arbeiters, das Säen ist die Aufgabe des Herrn.

Um die Freude, die immer ein Gnadengeschenk ist, zu erfahren, muß jede Seele die rechte Ordnung bewahren. Ich spreche nicht von dem Geben im menschlichen Sinne. Hingabe ist Geben, Dankbarkeit ist Geben, Achtsamkeit und Ehrfurcht sind Geben. Diese Eigenschaften sind wie die Arbeit des Knechtes auf dem Felde. Er tut das Notwendige, damit Gott die edle Arbeit vollbringen kann.

Die Menschen aber, die Gott nicht annehmen, verstricken sich in den Irrtum und glauben fälschlicherweise, daß sie alles tun könnten. Sie wollen gleichzeitig pflügen und säen. Da sie über ihre Berechtigung hinausgehen, bleibt die Freude verwehrt. Wie wahr ist diese innere Botschaft. Könnte ich doch allen, die in Glauben und Liebe kommen, diese Wahrheit sofort enthüllen, daß die Augen sehend werden und die Ohren die Worte in der Tiefe aufnehmen. So wiederhole ich immer wieder, damit sich der Geist mit seiner wärmenden Fürsorge in das Bewußtsein einprägt: Geben ist durch Ihn allein möglich. Der Mensch ist wie der Knecht, der das Feld zu bearbeiten hat. Er hat nicht das Recht zu säen, denn der Herr sät die Saat selbst.

Geben führt zu Ruhe, Frieden und Seligkeit. Dies ist die wahre Freude des Herzens, da dies frei von Erfolgszwängen und menschlichem Unvermögen ist. Diese meine Botschaft zu erkennen, öffnet die innere Seligkeit und spendet die Kraft aus der immergrünen Pflanze der Liebe. Würde ein Mensch, wie im Bilde beschrieben, immer nur an das Säen denken, so brächte die eigentliche Arbeit des Pflügens Unruhe, Hast und Strapaze. Dieser Mensch fände sich getrieben, da ihm die Zeit knapp werden würde. Schon möchte er ein Ende der einen Arbeit sehen, um mit der anderen zu beginnen. Viele Menschen begehen diesen Irrtum und lassen Gott nicht in Ruhe.

Der tiefe Brunnen der Freude enthält das kräftigende Wasser. Um das göttlich-geistige Leben ohne Beeinflussung durch eigene Wünsche und Begierden in der weisheitsvollen Dynamik wirken zu lassen und gleichzeitig alle Pflichten im Dasein zu erledigen, wird dieses Wasser der Liebe gegeben. Die Freude ist eine übersinnliche Kraft. Sie wirkt bis in die Zellen des Leibes verjüngend. Gott allein ist die Einheit im Universum, und der Mensch ist durch den Geist der Liebe nicht getrennt von dieser Einheit.

Das falsche Verstehen aber trennt den Menschen von dieser Einheit. Aus dem Mißverstehen, das immer mit Gefühlen der Trennung einhergeht, entsteht der brennende Wunsch nach persönlichem Gewinn. Geben aber wird derjenige, der Gott das Seinige tun läßt und der seine Arbeitskraft mit voller Verantwortung für die Bearbeitung des weiten Feldes des Herrn einsetzt.

Dieses Geben, von dem ich spreche, erfordert Tapferkeit und Selbstüberwindung. Wie gerne würde ich all den suchenden Herzen die Arbeit der Verwirklichung abnehmen. Jeder einzelne aber muß durch seine Erkenntnis das geistige Leben gewinnen. Ich bin bei den Meinigen. Ich arbeite im Stillen, und meine Arbeit führt sie zur Freude. Dem mutigen Menschen, der es wagt, sein niedriges Selbst in Ruhe zu lassen und das höhere Selbst in Gott anzunehmen, dem wird diese große Freude zuteil.

Geben ist die Reinheit selbst, die frei von jeglicher körperlicher Begrenzung ist. Die Reinheit der Seele ist in der Liebe des Herrn zuhause. Menschen, die die Religion im Herzen tragen, werden fähig, über die Begrenzungen des persönlichen Lebens hinauszugehen und so die eigenen Handlungen nicht mehr als wichtig zu erachten. Der Boden wird durch die Arbeit gepflügt, und der Herr sät, damit die Pflanzen im Frühjahr wachsen und im Sommer reif zur Ernte werden.

Alle diese Zeilen schreibe ich, damit viele die Herrlichkeit des Geistes zu schauen vermögen. Keines dieser Kapitel ist aus dem persönlichen Willen, noch aus den Bedürfnissen des Gemütes, noch aus dem menschlichen Denken, sondern aus Gott geboren.

Die Reinheit des Willens

Der Wille, die höchste und edelste Seelenkraft, ist unantastbar. Willenskraft ist die göttliche, verborgene Energiequelle, die alles zu bewirken vermag. Um diese verborgene Welt, die in den inneren Organen und Gliedern schlummert, von dem Schmutz der Welt zu reinigen, muß sich die Seele zu den höheren Quellen des Seins hinwenden. Diese höheren Quellen werden durch Menschen offenbar, die nicht für sich selbst gelebt haben, sondern ihr ganzes Dasein für die spirituelle Entwicklung der Menschheit geopfert haben. Im Westen wird dies im Bilde Christi offenbar, der für die Heilung der Menschheit und der Erde lebte. Ein kosmisch-geistiges Wesen wandelte mit Jesus von Nazareth auf der Erde. Er wurde von den weltlichen Menschen gekreuzigt, da er sich über alles irdische Leben zu Gott erhob, sich selbst als Gottes Sohn bezeichnete. Der Leib starb für die Welt, der Geist aber hat sich mit der Erde verbunden.

Die Hinwendung an einen Menschen, der aus dem Geiste geboren ist, erfolgt aber nicht durch passive Verehrung von Bildern oder Kruzifixen, sondern aus der Seele, mit innerer Anteilnahme und tiefster Aufmerksamkeit des Herzens. Die Anbetung eines Bildes ist so lange wertlos, solange der Geistesmensch nicht eigenständig erforscht wird. Der Geist kann nicht durch Passivität und Rituale erwachen. Aus der Aktivität der Seele aber erfolgt ein Verstehen von dem ewigen Leben, von dem Brot, das alle sättigt und vom heiligen Wasser, das den Durst der Menschheit stillt. Auf das Frühjahr folgt der Sommer und auf den Sommer der Herbst und der Winter. Die Pflanzen blühen und welken, die Menschen wachsen und altern. Die Zeitspanne eines Lebens ist kurz. In dieser so kurzen Zeit versucht das menschliche Gemüt sehr viel zu erreichen, das Wunschleben des Menschen strebt nach Macht, Besitz und Bindung. Spätestens mit dem Tode verliert der Mensch seinen ganzen Besitz, seine Position, seine Geborgenheit, sein ganzes persönliches Wesen. Er kann über die Schwelle des Todes nicht das geringste Besitztum mitnehmen. Die Welt, wie sie in Gedanken, Gefühlen und Wunschbildern vor den Augen des Menschen existiert, ist vergänglich. In ihr gibt es keine bleibende Erfüllung. Von dieser sichtbaren Welt ist jede Menschenseele abhängig, denn jeder Mensch benötigt Nahrung, Wärme und Luft zum Atmen. Der Geist selbst aber, der im Keim des Wortes lebt, hat die Welt bereits überwunden. Nur er allein ist es, der frei ist und immerfort frei bleiben wird. Die Natur der Freiheit ist nicht in der sichtbaren Welt, sondern sie lebt im Mysterium, im innersten Geheimnis, im Himmel, dem scheinbaren und doch nicht wirklichen Gegenpol der Erde.

Sobald die Seele sich ihre eigene Abhängigkeit zur Welt mit ihren Erscheinungen und ihrer Natur eingesteht, ist ein erster Schritt zur Reinheit des Willens getan. Nicht das allergeringste Hab und Gut kann ein Mensch im Leben erringen. Der Mensch dient, und Gott erreicht ihn. Selbst wenn ein Mensch keine gesellschaftliche Verpflichtung zu Arbeit und Dienst hat, so ist ihm dennoch von höherer Warte der Dienst auferlegt, und dies solange er am Leben ist.

Das Leben ist wie ein treibender Strom, der die Seelen mit sich reißt, sie immer weiter von der Quelle entfernt. Niemand schwimmt gerne gegen den Strom, denn es ist leichter, im Flusse zu treiben, als die Mühe aufzubringen, gegen die Wellen anzuschwimmen. Die geistige Reife eines Menschen und die edle Ausrichtung der Seele erwachen durch die innerste Aktivität, die vergleichbar ist mit diesem Schwimmen gegen den Strom. Der Satan der Sinne, das Begehren, die eigene Täuschung des Gemütes, ist der Fluß des Lebens, und wer ihn durch Macht und Kraft der Liebe überwindet, erfährt sein Leben nahe an der Quelle. Er erfährt das Höchste.

Die Seele ruht im Allerinnersten, das Gemüt ist ein Gegenspieler zu der im Verborgenen lebenden Seele. Das, was das Gemüt gerne tut, haßt die Seele, und das, was das Gemüt ablehnt, liebt die Seele. Die höhere Weisheit des Schicksals erzieht auf intelligente Art den Menschen zu den Taten, die er nicht gerne tut, die aber die Seele zu Reife und Großmut führen. Jeder Mensch muß im Leben lernen dasjenige zu tun, was er nicht gerne tut.

Das Gemüt liebt das weltliche Leben und die irdische Geborgenheit. Der Wunsch der Seele liegt in der Sehnsucht nach dem Außerirdischen, dem Geiste Gottes, der das ewige Leben ist. Der Geist Christi ist das neue Leben, die höchste Kraft des Universums. Sie ist höher als alles menschliche Gefühl. Sie ist fremd für das Äußere oder Grobstoffliche. Deshalb verschließt das äußere Denken die Tür und versteckt sich in den eigenen Räumen, denn niemand läßt gerne einen Fremden eintreten. Im innersten Herzen aber, dem Sitz der kosmischen Seele, lebt dieser Fremde und tritt ein, auch dann, wenn die Türe verschlossen ist. Das geistige Leben ist wie der Anfang im Ende und wie das Ende im Anfang.

Ein wichtiger Lernschritt auf dem Wege der Meditation besteht darin, die negativen Gedanken in Ruhe zu lassen, Krankheiten nicht zu sehr zu beachten und die eigenen Leiden mit Gleichmut hinzunehmen. All diese Erscheinungen, die das Gemüt belasten, sind die Folge von unlogischem Denken. Sie verschwinden durch Nichtbeachtung. Die Kraft zur großmütigen Handlung erhält jede Seele, die die Ausdauer in der Liebe zu Gott bewahrt und nicht müde wird, das Notwendige im Dienst des Lebens zu erfüllen.

Das Ziel des Lebens ist die Verwirklichung in Gott. Das Willensleben ist die höchste und verborgenste Seelenkraft, die der Mensch besitzt. Sie ist unantastbar, sie ist ein tiefes Geheimnis. Der Mensch darf nicht bei anderen in das Willensleben einbrechen, und er muß sich hüten, bei sich selbst einzugreifen. Selbstverwirklichung ist die Verwirklichung in Gott, nicht im Menschen. Ergreift der Mensch für sich auf vitale und eigennützige Weise das Ziel, fällt er tief in das Begehren, und Schmerz ist die grausame Folge seiner Verfehlung. Jeder Mensch wird von oben erlöst, aus dem Geiste geboren. Die Individualität löst sich von der Vergangenheit, und das neue Leben erwacht. Den begrenzten Gemütskräften fehlt die Macht, sie zählen zur vergänglichen Welt. Der Christus Gottes verwirklicht sich von innen heraus. Er ist die innere Wahrheit, der innere Weg und das innere Leben.

Reinheit des Willens bedeutet Freiheit vom eigenen Begehren. Die Botschaften aus der geistigen Welt sind oftmals auf verschlüsselte Weise niedergeschrieben. Dies ist mit Absicht geschaffen. Indem die Worte erst durch die Wiederholung und Hingabebereitschaft verstanden werden, gewinnen sie ihren Sinn für die Meditation. Ein äußeres Glaubensgebilde kann nicht entstehen. Die Seele bewahrt die Freiheit.

Die Tage sind lange, und ein jeder Tag bringt neue Möglichkeiten. Geduld und Ausdauer sind für das große Werk auf der Erde notwendig. Während der Nächte, in denen der Menschenleib ruht, schweigen die polaren Gegensätze, die damit verbundenen Widersachermächte haben keine Macht, und Christus arbeitet mit Hilfe seiner Engel von Innen heraus. Das Werk der Seelenentwicklung reift mit jedem Tag. Während die Sinne durch die Welt und Mächte der Erscheinung getrübt sind, erlebt sich der Mensch in der Trennung zu seinen Mitmenschen, zur Natur und zu Gott. Durch das eigene Verlangen wird die Trennung vergrößert, durch die Liebe und Hingabe an das Wesen, das nicht von der Erde ist, löst sich die trennende Macht der Sinne auf, und die wahre Natur kommt wie die Sonne hinter den dunklen Regenwolken hervor.

Wären nicht Mühsal und Plage mit jedem Tag des Lebens gegeben, wären nicht Krankheit und Leiden dem Herzen auferlegt, so wäre kein Wachstum für den Geist, die ewige Seele im Innersten, möglich. Der Feind ist nicht die Krankheit oder die Depression, der Feind ist das eigene fehlerhafte Denken, das zu widersinnigen Wünschen in der Welt führt. Für jede Seele ist es hilfreich, wenn sie die Ehrfurcht zum Geiste Gottes nährt, denn durch ihn allein ist alles Leben gewollt. Krankheiten und Leiden sind nur vorübergehende Erscheinungen des äußeren Lebens. Die Seele im tiefsten Herzen ist aus dem Lichte Gottes geboren. Der Wunsch im Innersten ist der gleiche Wunsch wie der Wunsch Gottes. Gott ist nicht getrennt von der Seele.

»Dies ist die allumfassende Wahrheit, das heilige Geheimnis, das einmal in jedem Menschenherzen aufleuchten wird. Meine Seele ist nicht an den Körper gebunden. Sie ist frei von den persönlichen Wesenszügen. Die Menschen, die in Treue den Glauben bewahrten und den Versuchungen des weltlichen Erfolges standhielten, sind mein Leben auf der Erde. Der Ort, den meine Seele eingenommen hat, ist Heimat geworden. Die, die bei mir sind, kennen meine Stimme, wie Kinder die Stimme ihrer Mutter kennen. Die Liebe zu Christus ist die gleiche Liebe wie die zum Heiligen Geist, und diese ist die gleiche wie die Liebe zu Gott. Ich bin in ihnen, wie der Vater und die Liebe Christi in mir sind.«

Aus einem unbewußten Gefühl geht ein Mensch durch das Leben und sucht sich die verschiedensten Stationen auf. Er sucht sich Menschen, die ihn in seiner Entwicklung begleiten. Im Zusammensein reift die Seele zu höheren Erkenntnissen. Eine wichtige Station, die jede Seele aus dem unbewußten Fühlen einmal aufsucht, ist die Begegnung mit einem Geistesmenschen, das heißt mit einem Menschen, der durch die Kraft des Geistes neu erwacht ist. Eine Begegnung dieser Art prägt sich in die tiefste Innenwelt ein und bleibt als ein realer Erfahrungsschatz für das ganze zukünftige Dasein anwesend. Dies ist die Blume der kosmischen Seele, die im stillen blüht. Die, die bei mir sind, haben diese Blüte aufgenommen. Glückseligkeit erfüllt ihre Herzen durch die Gnade der Liebe.

Die Bitte in Gott

Meditation und Gebet sind trotz ihrer äußeren Unterschiede von ihrem inneren Sinn her das gleiche. Beide sind eine Anrufung der höheren Kräfte des Geistes. Richtiges Beten und rechte Meditation müssen auf dem spirituellen Pfade der Gotterkenntnis entwickelt werden. Für diese seelischen Aktivitäten ist die einfache und natürliche Bescheidenheit als ein persönliches Bewußtseinsmerkmal eine Grundlage. Die Einkehr in die Seelenwelt geschieht ohne Anstrengung durch die Anerkennung des geistigen Lebens als eines höheren Lebens. Die Seele atmet ohne Bewegung, sie fühlt ohne Gefühl, sie empfindet, ohne zu denken und lebt, ohne zu verlangen. Diese Region der stillen, von der Welt unberührten Seele öffnet sich durch das hohe Tor der Demut. Die Demut läßt das Verlangen in der Welt nichtig werden, weil sie die Gnade Gottes kennt und weiß, welche große Kraft in den Ebenen des eigentlichen Lebens veranlagt ist.

Ohne diese von einem Bewußtsein des Selbst getragene Bescheidenheit, Genügsamkeit und Hingabe zu Gott kann keine rechte Meditationsgrundlage entstehen. Das äußere Gemüt aber bittet, es verlangt für sein Wohlergehen und für seine persönlichen Absichten. Durch die Wiederholung dieser Worte wird die Nichtigkeit dieses an das unreine Motiv gebundenen Bittens bewußt. Dieses Bitten einer egoistischen Absicht ist so wertlos und kleingläubig, es ist reines Begehren ohne jegliches weitere Bestehen. Es ist gut, daß dieses menschliche Bitten nicht immer in Erfüllung geht. Dadurch kann das Leben nicht im weltlichen Strom fortgerissen werden.

Die Liebe ist nicht von der Erde gekommen, sondern aus dem Reich Gottes. Die Erkenntnis dieser Liebe ist eine tiefe Erfahrung und schenkt die Berechtigung zum Höchsten. Sie ist die Erfüllung der Seele. Wird sie im Inneren aufgenommen, in der Wirklichkeit des geistigen Lebens, verschwindet jegliches äußere, kleingläubige Bitten, und die Gabe Gottes bleibt. Dieses findet in jeder Menschenseele statt. Mit dem gebenden Herzen, das aus Gott geboren wird und das aus dem einen und gleichen Leben blüht, erfüllt sich jeder Wunsch, und dies, bevor er mit Worten ausgesprochen wird. Es ist dies das eine und gleiche Leben, das vor dem Anfang war und über das Ende hinausreicht. Die Erfüllung lebt unabhängig von dem äußeren Bitten, sie ist das Wirken der Seele selbst.

Die großen Widersachermächte, die unter der Führung von Satan oder Luzifer stehen, wollen die Reinheit der Seele umschatten. Satan ist die Bezeichnung für alles Begehren, für alle niedrigen Gelüste, für alles sinnenhafte Verlangen, für alles willentliche Erfolgsstreben, das an das persönliche Leben gebunden ist. Luzifer ist die Macht der Unwissenheit, die Identifikation des Selbst mit der Materie, mit dem Körper, mit dem Gemüts- und Gedankenleben. Diese Widersachermächte locken zu den großen Versuchungen in der Welt. Eine dieser großen Versuchungen ist das persönliche Bedürfnis, die höchsten Weisheiten des Weltendaseins für sich selbst zu gewinnen und zu ergreifen. Wird dieser Versuchung durch die Kraft der Devotion widerstanden, so öffnet sich das versiegelte Tor zum neuen Leben in Christus, dem Sohn des Vaters im Himmel.

Die Gedanken sind Wesenskräfte des Lichtes. Die Seele aber ist frei von allen Gedanken, sie ist also frei von allen Wesenheiten. Die Natur des Denkvorgangs ist wandelbar, sie ändert sich, so wie sich die Launen des menschlichen Gemütes ebenfalls ändern. Eine Bitte aus der Projektion ohne weitere Wahrnehmung hat keine Wahrheit, und damit fehlt ihr die Kraft. Ist die Seele aber frei, so kann sie durch sich selbst schöpferisch und inspirativ wirken. Sie ist durch die immerwährende Einheit mit dem Christus Gottes fähig, das ganze Leben zu gewinnen.

Die unendliche und feurige Macht des Geistes wirkt auf die Seele ein, damit sie sich aus dem gebundenen Körperbewußtsein zu der höheren Lichtwelt erhebt. Die Bitte der befreiten Seele ist reines Geben. Sie erfährt die gesamte Kraft aus dem Geiste Christi.

Die Wesenheiten der Gedanken aber unterliegen den differenzierten Einflüssen der Welt und des Astralmeeres. Sie gehören zur Menschheit, sind aber nicht Eigentum oder Besitztum der Menschheit. Es wäre ein großer Irrtum, die Gedankenwesenheiten als eigenen Besitz zu bezeichnen. Diese Kräfte dienen nur den Bedingungen des äußeren, weltlichen Daseins. Das Sein der Seele aber hat nichts mit ihnen zu tun. Diese weise Erkenntnis über die Natur der Gedankenwesenheiten führt zu der tiefen Einkehr nach innen. Die Demut ermöglicht diese hohe Erkenntnis über die so verborgene Wahrheit. Ich aber offenbare die Geheimnisse aus dem Blumengarten des Geistes und gebe auch die Berechtigung, in ihm zu sein. So wie ich in ihm bin, werdet auch Ihr durch ihn geboren.

Literaturhinweise

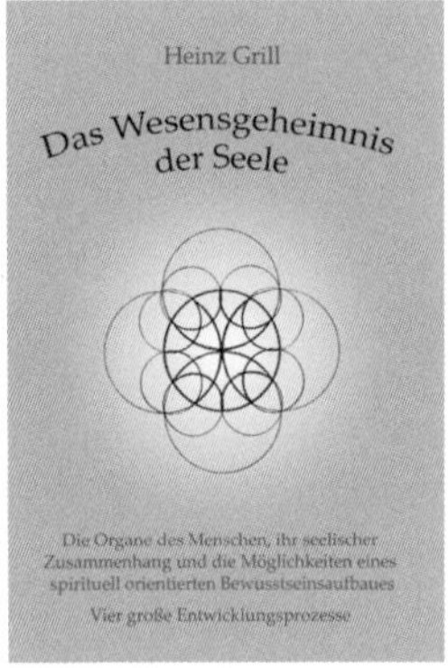

Das Wesensgeheimnis der Seele

Die Organe des Menschen, ihr seelischer Zusammenhang und die Möglichkeiten eines spirituell orientierten Bewusstseinsaufbaues – Vier große Entwicklungsprozesse

Anhand der vier Organe, Herz, Niere, Leber und Lunge, beschreibt der Autor vier große Aufbau- und Entwicklungsprozesse im sozialen und pädagogischen Umgang und gibt damit wertvolle Anregungen für Therapeuten, Pädagogen und allen, die künstlerische und soziale Prozesse gestalten wollen. Neben den Aufbauprozessen der Seele finden sich in dem Buch auch Erklärungen und praktische Therapieansätze zu den verschiedenen psychischen Erkrankungen.

461 Seiten, zahlreiche Abbildungen, Hardcover,
Format 180 x 252 mm
ISBN 978-3-9815855-5-1

Übungen für die Seele

Die Entwicklung eines reichhaltigen Gefühlslebens und die Erlangung erster übersinnlicher Erkenntnisse

Nicht nur der Körper, sondern auch das Seelenleben mit seinen Kräften des Denkens, Fühlens und Willens kann trainiert und geschult werden. Das Ziel dieser Schulung liegt darin, der Umgebung mit geordneten Gedanken, empfindsamen Gefühlen und gut abgestimmter Willenskraft aufbauend begegnen zu können. Dieses Buch gibt sowohl die Hintergründe zu den Seelenübungen, als auch die praktische Anleitung dafür.

214 Seiten, zahlreiche farbige Abbildungen
Hardcover, Format 168 x 241 mm
ISBN 798-3-9068733-3-6